Die Weisheit der Kelten

Irische Erzählungen, Gedichte und Segenssprüche

herausgegeben und eingeleitet von
Robert Van de Weyer

aus dem Englischen von
Bernardin Schellenberger

PATTLOCH

Inhalt

Vor ungefähr hundert Jahren stellte Douglas Hyde eine bemerkenswerte Sammlung von Gedichten, Sinnsprüchen und Geschichten aus Irland zusammen, die Ausdruck irischer Frömmigkeit war. Bis heute sehen die gläubigen Iren Gott an jedem Ort, zu jeder Zeit und in jedem Ding am Werk. Das ist genau jene Art der Frömmigkeit, die wir hier als „keltisch" bezeichnen.

Douglas Hyde bereiste im 19. Jahrhundert die entlegenen Gegenden Irlands, ließ sich von den dort ansässigen Menschen die spirituellen Weisheiten erzählen, die sie einander seit Generationen weitergegeben hatten und hielt diese schriftlich fest. Pioniere auf diesem Gebiet waren unter anderem Thomas Crofton Croker sowie Samuel Lover und William Carleton; später kamen Lady Gregory, J.M. Synge und W.B. Yeats hinzu.

Damals musste man befürchten, die Kulturgeschichte Irlands werde von den Briten beherrscht, die bereits die gälische Sprache systematisch unterdrückten. Damit war eine mündliche Tradition gefährdet. Diese eindrucksvollen Sammlungen waren der Versuch, diese Überlieferung noch rasch in gedruckter Form zu erhalten, bevor sie für immer verloren gingen.

Die meisten dieser Sammlungen waren zur Zeit ihres ersten Erscheinens in der Öffentlichkeit wenig erfolgreich. Das Papier, auf dem Douglas Hydes Buch gedruckt wurde, beginnt sich aufzulösen; beim Umblättern besteht die Gefahr, dass die Seiten auseinanderfallen und folglich die wenigen erhaltenen Exemplare vollends zerfallen. Doch glücklicherweise ist im ausgehenden 20. Jahrhundert plötzlich ein ungeheures Interesse für alles Keltische erwacht. Aus diesem Grund sind wir heute in der Lage, vom einem Jahrhundert bis in das nächste in gedruckter Form weiterzureichen, was früher mündlich von einer Generation an die nächste weitererzählt wurde.

Ich bin ganz persönlich an dieser Neuentdeckung des Keltischen interessiert. Zwar trage ich keinen irischen Familiennamen, aber drei meiner vier Großeltern waren Iren; sie gehörten jener sich auflösenden anglo-irischen Aristokratie an, der auch Lady Gregory entstammte. Als kleiner Junge habe ich noch meine Tage in ihren feuchten, baufälligen Herrenhäusern verbracht. Noch in den fünfziger Jahren hielten sie sich ein Heer von Bediensteten, die aus der gleichen Art von Familien stammten, die Douglas Hyde, Lady Gregory und alle anderen besucht hatten, um ihre Texte zu sammeln. Soweit ich mich entsinnen kann, war mit der irischen Sprache tatsächlich auch die Tradition erloschen, den Kindern Gedichte vorzusprechen. Aber diese Hausangestellten verfügten immer noch über einen reichen Schatz an Geschichten, meistens mit stark religiösem Einschlag, die meine kindliche Fantasie faszinierten. An viele dieser Geschichten habe ich mich noch erinnert und sie mit Freude wiederum meinen Kindern weitererzählt.

Die ursprünglichen Sammler verstanden sich in erster Linie als Kulturhistoriker. Das derzeit neu erwachte Interesse an keltischen Vorstellungen ist von einem anderen Wunsch beseelt. Zunehmend mehr Menschen haben den Eindruck, die herkömmliche Religiosität des abendländischen Christentums sei ziemlich steril und eng geworden. Das hat Christen wie Nichtchristen bewegt, nach neuen Quellen der spirituellen Inspiration zu suchen. Viele haben als eine solche Quelle die Tradition der Kelten entdeckt.

Der Inhalt meines Buchs ist das Ergebnis aller Sammlungen, die ich finden konnte, also auch meiner eigenen Kindheitserinnerungen. Konzentriert habe ich mich insbesondere auf eine keltische Gattung: auf die Gattung der Gleichnisgeschichten. Die Texte in den Evangelien, die man als „Gleichnisse“ bezeichnet, bieten Bilder aus unserer irdischen Alltagswelt, die spirituelle Bilder wecken sollen: die Geschichte vom Guten Samariter, das Gleichnis von den Talenten, das Bild vom Sämann. Gleichnisse sind zweifellos die eindrucksvollsten und beliebtesten Elemente der christlichen Botschaft: Selbst Menschen, die mit den Lehren des Christentums nichts anfangen können oder diese gar nicht kennen, sind in der Lage, die Gleichnisse Jesu zu erinnern und sie zu verstehen. Über diesen Zug des Genies Jesu verfügten auch die alten Kelten. Daher enthält dieses Buch Sinnsprüche und Dialoge, die witzig oder verwirrend, froh oder traurig sein können, aber immer eindrucksvoll sind und sich dem Gedächtnis einprägen.

Bei großen Sammlungen gibt es viele Überschneidungen: Die Rohform ein und desselben Gleichnisses kann in etlichen Fassungen auftauchen, und jede weist gegenüber den anderen beträchtliche Unterschiede auf. Auch die meisten Geschichten, die ich als kleiner Junge gehört habe, sind in einer oder mehreren Sammlungen enthalten. Statt nun immer mehrere Fassungen nebeneinander abzudrucken, was für den Leser langweilig und verwirrend geworden wäre, habe ich die unterschiedlichen Fassungen immer zu einer einzigen verwoben. Gelegentlich habe ich mir sogar die noch größere Freiheit genommen, entweder zwei oder drei Gleichnisse zu einem einzigen zusammenzufügen, oder ein einzelnes in zwei oder drei selbstständige Einheiten aufzuteilen. Das entspricht der bemerkenswerten Leichtigkeit, mit der Gleichnisse rund um die Welt gehen. Als Liebhaber von Gleichnissen bin ich Geschichten aus Sammlungen der Hindus, Moslems,

Juden und Buddhisten begegnet, die genauso gut aus Irland stammen könnten. Gleichnisse sind eine Art von universaler spiritueller Sprache. Da die alten Kelten Gott an allen Orten, zu jeder Zeit und in allen Dingen sahen, hätten sie sich über diese Gemeinsamkeit sicher gefreut.

Robert Van de Weyer

Von der Wahrheit und der Falschheit

Was von Dauer ist

Sein Ruhm mag das Leben eines Menschen
überdauern;
An die guten Taten eines Menschen mag man sich noch
erinnern,
Lange nachdem sein Körper zerfallen ist.
Den Versen aus der Feder eines Dichters
Mag längeres Leben beschieden sein als seinem Namen;
Man singt und wiederholt sie noch lange nach ihm.

Dauerhafter als Ruhm und denkwürdige Verse
Ist das Buch, das mit unsterblicher Zunge spricht.
Die Frohe Botschaft Christi gilt immer und ewig.

Spüre dich selbst

Dein Körper ist gespannt wie der einer Katze,
Die ihrer Beute auflauert.
Deine Gedanken wiegen sich wie Äste im Sturm,
An denen die Herbstwinde zerren.
Deine Seele ist schwer wie ein Klumpen Torf,
Frisch aus dem Moor gestochen.
Dein Herz ist schwarz wie die Erde,
Durchweicht von langen Winterregen.
Begreife zuerst deiner Anspannung Grund.
Nur dann ist Heilung möglich für dich.

Wer gut predigen kann

Wer das Predigen gut kann,
Stellt sich auch gut als Gauner an.
Die Bibelworte allen packend auszulegen,
Ist ein Talent und ein besondrer Segen.
Indes: Wer Wahrheit trefflich formulieren kann,
Stellt sich auch klug beim Schwindeln an.
Sei daher auf der Hut:
Wer dir schön predigt jeden Sonntag,
Könnte dich auch anschwindeln an jedem Montag.

Was Not tut

Wir brauchen Menschen, die die Wahrheit suchen,
brauchen auch Menschen, die sie uns verkünden.
Wir brauchen Menschen,
die still Gottes Liebe schauen,
brauchen auch Menschen, die sie uns vermitteln.
Wir brauchen Menschen, die sich dem
Gebete widmen,
brauchen auch Menschen, die es in
die Tat umsetzen.
Wir brauchen Menschen, die frei sind von
weltlichen Zwängen,
brauchen auch Menschen, die sich um
das Alltägliche kümmern.

Lügen

Manchmal erzählen wir Lügen,
um den Hörer zu schonen:
Er soll nicht von unsrer Wahrheit verletzt werden.
Manchmal erzählen wir Lügen,
um uns zu schützen:
Wir wollen nicht, dass andere unsere Wahrheit kennen.
Beim Unterscheiden beider Arten

belügen wir recht oft uns selbst:
Wir geben vor, die anderen zu schonen,
in Wirklichkeit schützen wir nur uns selbst.
Lieben wir jemand wirklich, ist jede Lüge falsch.
Echte Liebe will die Wahrheit kennen.
Wo Gefühle verletzt werden,
kann die Liebe heilend wirken.
Werden Lügen erzählt,
zerstören sie die Liebe.

Sei ehrlich!

Willst du dich ändern? Dann sei ehrlich.
Schau dich ganz ungeschminkt im Spiegel an.
Gib Fehler zu, mach dir nichts vor.
Am meisten schwindeln wir uns selber an,
erfinden scheinbar gute Gründe für alles, was wir tun.
Im Grunde spüren wir jedoch:
Das stimmt gar nicht.
Kein Wunder, dass wir dann auch alle andern
um uns täuschen.
Darum: Lass dein Gespür für Wahrheit ehrlich zu.
Sie tut zwar manchmal weh.
Doch Wahrheit macht dich frei.

Selbsterkenntnis

Andere durchschaue ich immer schnell;
Mich selbst dagegen schwindle ich zuweilen an.
Anderen sage ich deutlich die Wahrheit;
Mir selbst mache ich allzu gern etwas vor.
Anderen kann ich ein ehrliches Lächeln schenken;
Mich selbst kann ich belügen und meine Wut verbergen.
Anderen will ich unablässig Gutes tun;
Mich selbst kann ich blenden, was meine
Motive betrifft.

Will ich wahrhaftig, ehrlich und aufrichtig sein,
Muss ich zunächst mich selbst kennenlernen.

Was ist Wahrheit?

Du kannst nicht mit der Hand nach Wasser greifen.
Es rinnt dir durch die Finger.
Du kannst nicht mit dem Denken nach der
Wahrheit greifen.
Sie rinnt dir zwischen den Gedanken durch.
Wasser kannst du nur durch Trinken fassen,
Musst es aufnehmen in den Leib.
Wahrheit kannst du nur durch Leben fassen,
Musst sie wirksam in deinem Herzen tragen.

Die Bibel ist ein Wegweiser

Niemand kann beweisen, dass die Bibel Recht hat.
Wie soll man den Worten ihrer Seiten glauben können?
Wer kann mit Sicherheit sagen:
Das Lukasevangelium ist wahr,
Das Thomasevangelium dagegen falsch?
Glaube kann nicht mit Texten auf Papier beginnen.
Die beste Bibel kann von sich aus keinen Glauben wecken.
Der Glaube zündet, wo man auf die Wahrheit stößt;
Die Bibel dient als Wegweiser dorthin.

Der alte Mann auf dem Berg

Ein alter Mann lebte unterhalb des Gipfels eines hohen Berges. Seine Eltern waren vor langer Zeit verstorben und seit damals hatte er allein gelebt. Er aß die Beeren und Wurzeln, die am Berg wuchsen, und Wasser trank er aus den Quellen des Berges. Eines Tages bestieg ein Priester den Berg, um ihn zu besuchen.

„Alter Mann“, sagte der Priester, „in all den Jahren, die ich hier bin, bist du nie zum Gottesdienst gekommen. Schau nächsten Sonntag auf das Dorf herunter. Wenn du siehst, wie die Leute aus den Häusern kommen und Richtung Kirche gehen, dann mache es wie sie.“

„Na gut“, sagte der alte Mann, „ich will es so machen, wie du sagst.“ Der alte Mann schaute oft von seiner Bergeshöhe auf das Dorf hinunter und betete für die Menschen dort.

Als er sie am darauf folgenden Sonntag zur Kirche gehen sah, stieg er den Berg hinunter und folgte ihnen. Alle im Dorf hatten schon von dem alten Mann gehört, aber das war das erste Mal, dass sie ihn sahen. So starrten ihn während des ganzen Gottesdienstes alle an.

Als der Gottesdienst zu Ende war, begannen die Leute ihn anzusprechen. Sie merkten, dass sein Herz rein wie das Bergwasser war; kein böser Gedanke, keine Lieblosigkeit hatte ihn jemals befallen. Sie spürten, dass sie

den Wohlstand und den Frieden, deren sie sich in ihrem Dorf erfreuten, seinen Gebeten verdankten.
So sagten sie schließlich zu ihm: „Bitte, alter Mann, komme nicht wieder zur Kirche. Wir kommen, weil wir Sünder sind und um Vergebung bitten wollen. Aber du hast keine Sünde. Und wir fürchten, wenn du regelmäßig kommst, wirst du von unseren Sünden angesteckt. Wir bitten dich nur, weiterhin für uns zu beten."
So stieg der alte Mann wieder den Berg hinauf und kam nie mehr zum Gottesdienst. Er betete weiterhin und allen im Dorf ging es weiterhin gut. Schließlich starb der alte Mann, aber offenbar betet er auch im Himmel weiter für das Dorf, denn es ist immer noch für seinen Wohlstand und seinen Frieden bekannt.

Der Stein der Wahrheit

Nachdem der Heilige Patrick das Dorf Cong besucht hatte, um dort das Evangelium zu verkünden, ging er vor das Dorf hinaus, um zu beten. Er kniete sich neben einem großen Stein nieder. Nachdem er sein Gebet beendet hatte, legte er sich schlafen und benutzte den Stein als Kopfkissen. Dieser Stein wurde als der „Stein der Wahrheit“ bekannt und niemand, dem man die Hände oder den Kopf auf den Stein legte, wagte jemals zu lügen.

Viele Jahre danach lebte ein Mann namens Kerwin in Cong. Er glaubte nicht an Gott und er hielt nicht viel von Liebe, Frieden und Ehrlichkeit. Er meinte, jeder solle so viel Reichtum wie möglich erwerben und ihn genießen. An diese Überzeugung hielt er sich auch und stahl und betrog bei jeder Gelegenheit, die sich ihm bot. Eines Nachts kam er vom Besuch in einem anderen Dorf, wo er einen Beutel Gold gestohlen hatte, nach Cong heim. Der Mond schien nicht und aus Versehen stolperte er über den Stein der Wahrheit. Der Beutel mit Gold entglitt seiner Hand und sein Kopf schlug auf den Stein: quer über die Stirn hatte er eine große Platzwunde. Er rannte heim und fluchte und lästerte, weil er das Gold verloren hatte. In den Wochen und Monaten danach heilte die Wunde nie ganz; sie hinter-

ließ eine Narbe, einen langen Strich quer über die Stirn.
Ein Jahr danach geschah ihm das Gleiche noch einmal. Aber dieses Mal verlief die Wunde von seinem Scheitel bis zur Nasenspitze. Und auch sie verheilte nicht ganz. So trug er jetzt ein Kreuz auf der Stirn. Die Leute im Dorf begannen sich über ihn lustig zu machen.
„Der Mann, der nicht an Gott glaubt, trägt das Kreuz Christi auf der Stirn", spotteten sie.
Kerwin ärgerte sich über den Spott der Leute und hasste den Stein der Wahrheit, der ihn mit diesem Kreuz gezeichnet hatte. Er beschloss den Stein zu vergraben. So grub er neben ihm ein tiefes Loch. Aber weil der Stein für ihn zu schwer war, konnte er ihn nicht in das Loch schieben. So häufte er über den Stein Erde. Aber die in der Gegend grasenden Schafe kratzten mit ihren Füßen die Erde wieder weg. Voller Verzweiflung setzte er sich auf den Stein und weinte.
„O Gott", jammerte er, „was soll ich nur machen? Es ist zum Verzweifeln."
In dem Augenblick kam ein in Lumpen gehüllter Bettler des Wegs.
„Warum weinst du zu Gott?", fragte ihn der Bettler. „Vielleicht kann ich dir helfen."
„Fort mit dir, du Gauner!", schrie Kerwin.
Aber der Bettler wollte nicht gehen. Er setzte sich ganz in der Nähe nieder und holte einen großen Brocken

Brot hervor. Er brach das Brot entzwei und reichte eine Hälfte Kerwin. Ohne zu denken, was er tat, nahm Kerwin das Brot und sie beide begannen daran zu kauen. Nachdem sie gegessen hatten, sagte der Bettler: „Du hast zu Gott um Hilfe geschrien und du hast von einem Bettler Brot genommen. Du kannst also kein überheblicher Mensch sein. Offenbar bist du ein echter Christ."
Hierauf ging der Bettler seines Wegs. Erst da merkte Kerwin, was geschehen war. Von diesem Augenblick an gab er das Stehlen und Betrügen auf und half nun den Menschen in ihrer Not. Er erreichte ein hohes Alter. Die meisten Menschen, die ihn noch aus seinen schlimmen Tagen kannten, starben. Die Jungen aber, die das Kreuz auf seiner Stirn sahen, betrachteten es als Zeichen seiner Heiligkeit.

Kurz vor seinem Tod lud er einige junge Leute in seine Hütte ein und erzählte ihnen die Geschichte, wie er Christ geworden sei.
Er schloss: „Der Stein, über den ich gestolpert war, hat mich gerettet. Und dieser Bettler reichte mir die Erstkommunion."

Das Probeangeln

Ein Bauer hatte eine Sohn namens Kevin, der als Bauer nichts taugte. Wenn Kevin eine Kuh zu melken versuchte, kniff er ihre Zitzen so hart, dass die Kuh einen Satz machte. Wenn er ein Schaf zu scheren versuchte, schnitt er ihm auch gleich noch die Ohren und den Schwanz ab. Der Bauer kam zum Schluss, sein Sohn sei zu intelligent, um Bauer zu werden; folglich solle er sich zum Priester ausbilden lassen.

So brachte der Bauer seinen Sohn in die Stadt und stellte ihn dem Bischof vor. Der Bischof sprach mit Kevin unter vier Augen und stellte ihm eine Reihe Fragen, um sein religiöses Wissen zu überprüfen.

„Wer hat den Himmel erschaffen?“

„Der die Erde erschaffen hat“, gab Kevin zur Antwort.

„Und wer hat die Erde erschaffen?“

„Der Männer und Frauen erschaffen hat.“

„Und wer hat die Männer und Frauen erschaffen?“

„Der einen Platz für ihre Seelen im Himmel geschaffen hat.“

„Und wer hat einen Platz für ihre Seelen im Himmel geschaffen?“

„Natürlich der, der den Himmel erschaffen hat.“

Der Bischof schlug Kevin aufs Haupt, nannte ihn einen

unverschämten Toren und schickte ihn wieder heim. Noch wütender als der Bischof war sein Vater.
„Du bist in der Religion genauso dumm wie als Bauer", schrie ihn der Vater an. „Du bist eine Schande für die Familie!"
Als sie daheim ankamen, war Kevin recht niedergeschlagen und dachte, er tauge zu gar nichts. Nun lebte aber einige Meilen entfernt in einer Höhle ein weiser Einsiedler. Kevin beschloss zu ihm zu gehen und ihn um seinen Rat zu bitten.
„Störe dich nicht daran, was der Bischof oder dein Vater von dir halten", sagte der Einsiedler. „Was zählt, ist die Wahrheit. Wenn Gott will, dass du das Evangelium verkündest und die Kranken tröstest, dann musst du das tun. Wir müssen also prüfen, was Gottes Wille ist."
Der Einsiedler führte Kevin an einen großen See. Am Ufer lag ein Boot und darin eine Angelleine. Der Einsiedler wies Kevin an, mit dem Boot hinaus zu fahren und zu versuchen, einen Fisch zu angeln. Kevin tat, was der Einsiedler sagte. Einen Tag und eine Nacht und noch einen Tag und noch eine Nacht saß Kevin im Boot und hielt die Angel über Bord. Schließlich biss ein Fisch an und Kevin zog den Fisch ins Boot. Sobald Kevin den Fisch mit dem Haken im Maul sah, hatte er Mitleid mit ihm. Er entfernte behutsam den Haken und warf den Fisch wieder ins Wasser. Dann ruderte er ans Ufer zurück, wo der Einsiedler auf ihn wartete.

Der Einsiedler schmunzelte: „Du hast bewiesen, dass du über die drei Dinge verfügst, die ein Priester braucht. Erstens hast du Geduld. Wenn du bereit bist, zwei Tage und Nächte auszuhalten, um einen Fisch zu fangen, dann kannst du auch zwei Jahre oder vielleicht sogar zwei Jahrzehnte warten, um eine Seele zu fangen. Zweitens hast du Mitleid. Wenn du dich schon eines Fisches erbarmen kannst, wirst du erst recht Mitleid mit den Menschen in Not haben. Drittens bist du demütig: Obwohl du der Grund für den Schmerz des Fisches warst, hielt dich kein Stolz davon ab, ihn zu retten."

Der Einsiedler wies Kevin an, in sein Dorf zurückzukehren. Dort solle er damit anfangen, die Menschen zu besuchen und ihren Glauben zu stärken. Da er ein geduldiger Mensch war, störte es ihn nicht, als ihn zunächst einige abwiesen. Da er mitfühlend war, wurde er schon bald bekannt dafür, wie gut er den Leuten zu helfen verstand. Und da er bescheiden war, genügte es ihm, den Menschen zu dienen, auch ohne Priester zu sein.

Der verrückte Priester

Ein Müller namens Dennis wollte, dass sein Sohn Owen Priester werde. So verwandte er seinen ganzen Erlös aus der Mühle darauf, seinen Sohn zum Priester ausbilden zu lassen. Nach fünf Jahren kam der Sohn heim und trug das Priestergewand. Die Familie und das ganze Dorf freuten sich riesig darüber.

Bei seiner Weihe hatte Owen gelobt, arm und ehelos zu bleiben. So war er entsetzt, als er sah, dass der Priester seines Dorfes viele Felder und Vieh besaß und mit einer Frau zusammenlebte. Als Owen erfuhr, der Priester habe sich die Felder mit Geld gekauft, das Arme der Kirche vermacht hatten, wollte er mit einem solchen Menschen nicht mehr zusammenarbeiten. So begann er, sich der Tiere anzunehmen, statt sich um die Menschen in der Pfarrei zu kümmern.

Nachts schlief er in der Mühle seines Vaters, die weit entfernt vom Dorf lag. Morgens ging er auf die Weiden hinaus und sprach zu den Schafen und Rindern. Er trug immer eine große Bibel bei sich. Daraus las er den Tieren vor. Wenn er sich schlafen legte, war sie sein Kopfkissen.

Die Leute meinten zuerst, er sei verrückt. Wenn sie ihn tagsüber draußen auf den Wiesen sahen, lachten und spotteten sie über ihn. Nach Einbruch der Dunkelheit wagten sie nicht an der Mühle vorbeizugehen, aus Angst, er könne herauskommen und über sie herfallen. Aber dann merkten sie, wie sehr ihn die Schafe und Rinder mochten. Die Tiere umlagerten ihn immer, kauten Gras und hörten zu, was er sagte.

Der für das Dorf verantwortliche Priester war so sehr mit Geldverdienen und Vergnügen beschäftigt, dass er für die Menschen keine Zeit hatte. So gingen eines Tages zwei junge Männer, die nach dem Sinn des Lebens suchten, hinaus, um sich den Tieren anzuschließen. Das, was sie da zu hören bekamen, inspirierte und ermutigte sie sehr. So redeten sie am selben Abend ihren Freunden zu, auch dorthin mitzukommen. Bald ging fast jeder im Dorf mit zu den Tieren hinaus, um Owen zu hören, den verrückten Priester. Seine Kirche unter freiem Himmel war voller Menschen, indes die Dorfkirche leer blieb.

Schließlich starb der unwürdige Priester und die Leute baten Owen, seine Stelle einzunehmen. So kam Owen eines Sonntags von den Weiden in die Kirche mitten im Dorf. Alle Schafe und Rinder kamen mit ihm und gingen mit den Leuten in die Kirche.

Von da an schlachteten die Leute nie mehr ein Schaf oder eine Kuh. Sie nahmen nur noch die Wolle von den Schafen und die Milch von den Kühen. Sie sagten, da diese Tiere sie gelehrt hätten, Owens Verrücktheit ernst zu nehmen, seien sie den Tieren zu Ehrfurcht verpflichtet.

Von der Liebe und dem Hass

Die schönste Symphonie

Keine Musik ist so sanft,
Kein Klang so süß,
Kein Lobpreis so wahr
Wie der Klang und die Musik
Des schlichten Worts „Liebe".

Dieses Wort ist selbst ein Lied,
Beschwört Bilder von allem Guten.
Auf den Lippen ist es wie ein erfrischender Trank.
Kommt, wir tanzen, singen und spielen
Die Symphonie der Liebe!

Jeder braucht den andern

Als Gott in Jesus zur Erde kam,
Brauchte er die Liebe von Menschen –
Die Liebe Marias und Josefs, der Hirten.

Als Jesus predigte und die Kranken heilte,
Brauchte er auch die Liebe von Menschen –
Die Zuwendung derer, die ihn hörten.

Auch ich brauche die Liebe von Menschen.
Die Güte anderer nährt meine Seele.
Die Gaben anderer nähren meinen Körper.

Jeder Mensch braucht die Liebe des andern.
Soll keiner zu stolz sein, andere zu brauchen.
Sogar Jesus war auf andere angewiesen.

Echte Freunde

Bin ich glücklich, hab' ich viele Freunde.
Ich bin geistreich beim Gespräch,
Bringe andere zum Lachen.
Ich singe herrliche Balladen, rühre andere zu Tränen.
Alle suchen meine Nähe.

Bin ich traurig, hab' ich wenig Freunde.
Stumpf ist mir der Geist, mir fehlen die Worte.
Reglos bleibt mein Herz und will nicht singen.
Alle fliehen meine Nähe.

Freunde in der Traurigkeit sind echte Freunde.

Kneten und Aufgehen lassen

Ich knete den Teig,
Denke an die vielen Körner,
Die für ihn gemahlen sind.
Christi Kirche ist wie Mehl
Aus Menschen vieler Rassen,
Gemahlen und gemischt zu einem Teig.

Ich sehe, wie der Teig aufgeht,
Denke an die Kraft der Hefe,
Die das schwere Mehl, das Wasser hebt.
Beten heißt den Teig aufgehen lassen,
Jede Hoffnung, jede Angst einkneten
Und zu Gott sich heben lassen.

Die Liebe

Heiraten kostet viel Geld.
Priester und Mesner musst du zahlen.
Den Schmuck der Kirche musst du zahlen.
Das Mahl für die Gäste musst du zahlen.
Die Hochzeitskleider musst du zahlen.

Liebe dagegen kostet gar nichts.
Lächeln und Zwinkern gibt's umsonst.
Verstohlene Küsse im Mondschein gibt's umsonst.
Geflüsterte Worte bei Mitternacht gibt's umsonst.
Spaziergänge Hand in Hand im Wald gibt's umsonst.
Auch der Arme kann an Liebe reich sein.

Ein hohes Ideal

Wenn Gott uns schuf, dass wir einander lieben,
Müsste es möglich sein, dass jeder Mann seine Frau
Und jede Frau ihren Mann auch noch nach Jahren liebt.

Doch mancher Mann reibt sich an seiner Frau,
Und manche Frau hält es kaum aus mit ihrem Mann.
So schwach sind wir, obwohl uns Gott zur Liebe schuf.

Das liegt nicht daran, dass wir überfordert sind.
Wäre nur Gott als Dritter mit im Bunde,
Gelängen uns auch unsre Ehen leichter.

So nah wie meiner Frau

Ich liege im Bett mit meiner Frau.
Ich kann die Wärme ihres Körpers spüren.
Ich kann ihr stetes Atmen hören.
Ich kann ihre weiche, sanfte Haut berühren.
Ich kann den süßen Duft ihres Körpers riechen.
Ich kann den Umriss ihres Körpers sehen.
Ich liebe sie so sehr wie mich.
Wenn ich es recht bedenke, ist mir Gott genau so nah
Wie ich ihr nah bin, ja noch näher.

Auf den Fersen

Ständig versuchen wir unserer Fehlerhaftigkeit
zu entkommen:
Wut schnappt uns nach den Fersen.
Trägheit hängt wie Blei an unsern Händen.
Habgier verkrampft in uns den Magen.
Stolz ist wie ein Wind in unserm Kopf.

Hass rinnt wie Salzwasser in die Lungen.
Dieser Hölle entkommt man nicht durch Laufen.
Nur Liebe kann sie sich vom Leibe halten.

Könnten sie nur miteinander reden

Ein Mann kommt spät am Abend heim.
Den ganzen Tag war seine Arbeit auf den Feldern schwer.
Seine Kinder kreischen und schreien.
Seine Frau nörgelt und stöhnt.

Er setzt sich auf seinen alten hölzernen Stuhl.
Er flickt schweigend ein Loch in seiner Hose.
Seine Kinder kreischen und schreien noch immer.
Seine Frau nörgelt und stöhnt.

Seine Frau stellt ihm sein Essen hin.
Kein Wort fällt, während er isst.
Seine Kinder kreischen und schreien noch immer.
Seine Frau nörgelt und stöhnt.

Könnten sie doch nur reden miteinander,
Still, ruhig, in Geduld.
Könnten sie einander in die Arme nehmen,
Warm, zärtlich, liebevoll.

Nur ein Wunsch

Am Heiligen Abend kam ein heiliger Mann in ein Dorf. Vom Norden her blies ein bitterkalter Wind. Der heilige Mann klopfte an die Tür der ersten Hütte, an die er kam. Sie gehörte Brendan und seiner Frau Maureen. Sie luden ihn ein, hereinzukommen und ihr Weihnachtsmahl mit ihnen zu teilen. So saßen an diesem Abend die drei vereint um den Tisch und das Essen war köstlich. Am nächsten Morgen sagte der heilige Mann, er müsse weiterziehen. Brendan und Maureen drangen in ihn, noch länger zu bleiben. Aber er blieb bei seinem Vorhaben. So bereitete ihm Maureen ein herzhaftes Frühstück, damit er für seine Wanderung gestärkt sei. Beim Weggehen wandte sich der heilige Mann noch einmal an Brendan und Maureen.

„Sagt mir, was ihr euch von Gott wünscht“, bat er sie.

Brendan und Maureen hatten sich nie den Kopf darüber zerbrochen, was sie sich für ihr Leben von Gott wünschten. Einige Augenblicke standen sie stumm da. Dann begann Brendan zu reden.

„Maureen und ich zanken uns oft über Nichtigkeiten.“

„Ja“, stimmte Maureen zu. „Unser Leben wäre vollkommen, wenn wir immer liebevoll und aufmerksam miteinander umgehen könnten.“

„Und wenn wir nicht immer wieder alberne Streitigkeiten mit unseren Nachbarn anfangen würden", sagte Brendan lachend.
„Also dann", sagte der alte Mann, „euer Wunsch soll euch gewährt werden."
Wie nicht anders zu erwarten, hörte von diesem Augenblick an im Leben von Brendan und Maureen das Gezanke auf und sie lebten in Eintracht. Ihr Leben war glücklich und zufrieden.
Am Heiligen Abend des folgenden Jahres kam der heilige Mann wieder in das Dorf. Dieses Mal klopfte er an die Tür von Nathan und Martha. Beide waren zänkische Menschen. Sie hatten allerdings schon gehört, dass der heilige Mann im vorigen Jahr Brendan und Maureen besucht habe. Auch wussten sie, dass er sie nach ihrem liebsten Wunsch gefragt und ihnen diesen erfüllt hatte. So luden sie den heiligen Mann mit großer Herzlichkeit in ihr Haus ein, in der Hoffnung, von diesem Gast auf ähnliche Weise einen Wunsch erfüllt zu bekommen.
Als es Zeit zum Essen war, bat Nathan den heiligen Mann höflich, sich an den Ehrenplatz am Tisch zu setzen. Martha schnitt in der Küche die besten Bratenstücke für sich und ihren Mann ab und legte sie für den späteren Verzehr beiseite; den Rest trug sie auf.
Beim Bedienen sagte sie zu dem heiligen Mann: „Mein Herr, für Sie ist uns das Beste, was wir im Haus haben, gerade gut genug."

Am nächsten Morgen sagte der heilige Mann, er müsse nun gehen. Nathan und Martha redeten ihm nicht zu, er solle noch bleiben. Sie blieben einfach vor ihm stehen, in der Hoffnung, jetzt komme die Frage nach ihren Lieblingswunsch. Der heilige Mann legte sich langsam seinen Umhang an; und dann, schon im Weggehen, stellte er den beiden die gleiche Frage wie seinerzeit Brendan und Maureen. Kaum hatte er sie ausgesprochen, da sprudelten Nathan und Martha auch schon los: Sie wollte seidene Kleider und samtene Roben, er dagegen einen größeren Hof und viele Kühe.

„Warum soll ich nicht schöne Kleider zum Anziehen haben und auch kostbaren Schmuck? Meiner Lebtag habe ich hart gearbeitet!", schrie Martha und stampfte mit den Füßen.

„Weil ich der größte und wichtigste Bauer im ganzen Bezirk werden möchte!", schrie Nathan zurück.

Während sie noch laut miteinander zankten, entfernte sich der heilige Mann lautlos. Sie stritten noch volle zehn Minuten lang miteinander, bis sie überhaupt merkten, dass er gar nicht mehr da war. Dann starrten sie einander stumm an und es ging ihnen auf, was für Toren sie waren.

„Unser Leben lang haben wir miteinander gezankt", schluchzte Martha und brach damit das Schweigen.

„Und schau, wohin es uns gebracht hat", fügte Nathan hinzu.

Wieder ein Jahr später kam der heilige Mann am Heiligen Abend wiederum in das Dorf; und wieder klopfte er bei Nathan und Martha an. Jetzt freuten sie sich ehrlich, ihn wieder zu sehen. Nathan eilte zu Brendan und Maureen, um ihnen zu sagen, dass der heilige Mann wieder da sei und um sie zu sich zum Essen einzuladen. Martha trug das feinste Fleisch auf und teilte ihren Gästen die besten Stücke zu. Alle miteinander verbrachten einen Abend in froher Gemeinschaft. Kurz bevor sie zu Bett gehen wollten, wandte sich Martha an den heiligen Mann.

„Seit du bei uns zu Besuch warst, ist unser Leben um vieles glücklicher geworden. Ich weiß nicht, wie du das gemacht hast, aber jedenfalls möchte ich mich dafür bei dir bedanken."

„Ja", stimmten die drei anderen mit ein, „wir alle möchten uns bei dir bedanken."

„Ich habe nichts getan", sagte der heilige Mann lächelnd. „Zum ersten Mal habt ihr euch selbst gesagt, dass der Friede Glück bringt. Wenn ein Mensch das aus ganzem Herzen sagt, wird der Wunsch zur Tat – und die Tat führt zu diesem Glück des Friedens."

Dankbarkeit

Ein Greis ging eines Tages auf seinen Acker hinaus und begann Obstbäume zu pflanzen. Da kam ein junger Mann vorbei.

„Was tust du da?“, fragte er den Alten.

„Ich pflanze Obstbäume“, gab der Greis zur Antwort.

„Aber du wirst es doch gar nicht mehr erleben, dass sie Früchte tragen“, entgegnete der junge Mann.

„Die Früchte, die ich mein Leben lang genossen habe“, antwortete der Greis, „stammten von Bäumen, die andere lange vor mir gepflanzt haben. Ich pflanze jetzt Bäume, die denen nach mir Früchte tragen. Für mich ist das ein Akt der Dankbarkeit.“

Die Liebe des Königs

In einem entlegenen Dorf lebte ein wunderschönes Mädchen. Ihre Eltern waren arme Bauern, die ihr als Kleidung nur Lumpen geben konnten. Aber selbst in Lumpen sah sie wie eine Prinzessin aus.

Eines Tages ritt der König bei einem Jagdausflug durch das Dorf. Er sah das wunderschöne Bauernmädchen und verliebte sich auf der Stelle in sie. Er sprang vom Pferd und fragte sie, ob sie ihn heiraten wolle. Sie war aber über ihr Alter hinaus klug und wusste, dass er von ihrer Schönheit bald genug haben werde. Deshalb lehnte sie seinen Heiratsantrag ab. Er aber bestürmte sie weiter.

„Nun gut, Eure Majestät", sagte sie schließlich. „Kommt morgen wieder. Da werde ich Euch meine Antwort geben."

Der König ritt von dannen. Ihre Eltern redeten ihr zu, den König zu heiraten. Sie waren in Sorge, wer sie im Alter ernähren werde. Ihre Tochter wusste das, und darum sann sie nach, wie die körperliche Anziehung, die den König faszinierte, in eine treue Liebe verwandelt werden könnte. Schon früh am Morgen des nächsten Tages kam der König wieder und fiel vor ihr auf die Knie.

„Wie lautet deine Antwort?", fragte er sie flehend.

Sie gab ihm zur Antwort: „Ich will dich heiraten, aber unter einer Bedingung: Falls du mich je aus deinem Palast verstoßen solltest, dann lässt du mich das Liebste mitnehmen, was ich habe."

Der König war unverzüglich mit dieser Bedingung einverstanden. Eine Woche danach war die Hochzeit und das Bauernmädchen war gekleidet wie eine richtige Prinzessin.

Wie sie es geahnt hatte, ließ die Freude des Königs an ihrer Schönheit schließlich nach und seine Lust wandel-

te sich in mürrische Verdrossenheit. Er fing immer öfter Streit mit ihr an. Eines Abends brüllte sie der König an: „Ich kann dich nicht mehr ertragen. Fort mit dir aus dem Palast, zurück in deinen alten Schuppen!“
Sie entgegnete: „Gut, morgen bin ich wieder in meinem Schuppen. Aber dein Versprechen wirst du mir halten müssen: Ich nehme das mit, was mir das Liebste ist.“
Der König war es gewöhnt, abends einen Kräutertrank zu sich zu nehmen, den ihm seine Frau zubereitete, damit er besser schlafen konnte. An diesem Abend machte sie diesen Trank besonders stark, so dass er in tiefen Schlaf fiel. Sie befahl ihren Dienern, den Schlafenden in eine Kutsche zu packen; und mit der Kutsche fuhr sie ins Heim ihrer Eltern zurück.
Als der König am nächsten Morgen aufwachte, wusste er überhaupt nicht, wo er war.
„Wo bin ich?“, rief er. „Hat man mich etwa entführt?“
Seine Frau trat an sein Bett.
„Ich bin in meinem Schuppen“, gab sie ihm zur Antwort, „genau wie Ihr befohlen habt. Aber gemäß Eurem Versprechen habe ich mir aus dem Palast mitgenommen, was mir am liebsten ist.“
Da schämte sich der König und nahm seine Frau in die Arme. Von da an lebten sie in Liebe und Eintracht bis an ihr Lebensende.

Von der Tugend und dem Laster

Gottes Gesetz findet sich in unserem Herzen

Wo findet man Gottes Gesetze?
Stehen sie in einem Buch?
Ist das Evangelium ein Gesetzestext?

Wie sehen Gottes Gesetze aus?
Sind sie eine Anzahl von Regeln?
Führt blindes Gehorchen zum Heil?

Gottes Gesetz findet sich in unserem Herzen.
Es ist unsere Sehnsucht nach Gutsein.
Das Evangelium kann sein Wachstum fördern.
Ein erfülltes Leben ist seine Frucht.

Zeit sich zu ändern ist immer

Zeit sich zu ändern ist immer.
Jahrelang kann man im Elend verkümmern,
Doch zuweilen ändert sich jemand über Nacht.

Es ist, als habe ihn ein Blitz getroffen,
Gottes Geist ihn unversehens gepackt.
Dafür ist es für keinen jemals zu spät.

Halte dich offen für dieses lebendige Feuer.
Lass dem Geist Gottes Raum in deinem Innern.
Gib nie endgültig auf. Sei bereit.

Mein Herz lenken lernen

Wenn mir schlechte Wünsche kommen
Und ich Böses tun möchte –
Bin ich dann schon ein schlechter Mensch?

Oder ist es nicht auch schon ein Zeichen von Stärke,
Mich dennoch zu beherrschen und nichts Böses zu tun?

Liegt das Böse im Herzen? Liegt es im Tun?
Mein Tun kann ich meistens selbst lenken.
Viel schwerer ist es, mein Herz lenken zu lernen.

Aus dem eigenen Versagen lernen

Wer einmal stiehlt, dem traut man nie mehr.
Doch lernt er daraus und tut es nie wieder,
Kann man ihm mehr vertrauen als dem
niemals Erprobten.

Wer die Ehe gebrochen hat, wird von vielen
verurteilt.
Doch lernt er daraus und wird dadurch reifer,
Kann er ein besserer Gatte sein als der nie Versuchte.

Fehler zu machen und daraus zu lernen,
Kann besser sein, als sich nie etwas zu Schulden
kommen zu lassen.

Das Ziel

Wie hast du deinen Tag verbracht?

Du hast geschuftet, aber für wen?
Du hast den Boden bearbeitet, doch wozu?

Arbeit an sich taugt nichts;
Was zählt, ist ihr Ziel.

Iss jetzt. Erfrisch und erhol deinen Körper.
Dann setz dich hin und denke nach, was dein Ziel ist.
Die Wahrheit macht dir vielleicht Angst,
Aber kneif nicht.
Du stehst dann morgen ganz anders auf.

Der Mittelmäßige

Ich habe nie etwas getan, das missbilligt wurde.
Ich habe nicht gelogen und nicht betrogen.
Ich war meiner Frau immer treu.
Ich habe für die Armen gespendet
Und an die Hungernden etwas abgegeben.
Ich bin in allem ein ehrenwerter Bürger.

Ich habe nie etwas getan,
Das besonderes Lob verdiente.
Ich habe keine großen Opfer gebracht.
Ich war immer ein umgänglicher Mensch.
Ich habe nur von meinem Überfluss
Für die Armen gespendet.
Ich bin nicht gegen Unrecht auf die
Barrikaden gegangen.

Wer über die Stränge geschlagen hat,
Kann das bereuen.

Aber sein Mittelmaß –
Kann man auch das von Herzen bereuen?

Ich schäme mich nicht meiner Fehler

Ich schäme mich nicht, Fehler zu machen.
Fehler gehören zum Leben dazu.
Ich versuche meine Fehler gar nicht zu verbergen.
Mit meinen Fehlern hat Gott mich erschaffen.

Habe ich einen Fehler gemacht, gebe ich das allen zu:
Allen, die ich verletzt, denen ich Böses getan.
Ein Tor ist, wer keine Fehler verzeiht,
Denn auch er selbst wird kaum fehlerlos sein.

Die Sinne des Menschen

Ein Blinder lernt schärfer hören.
Schwächste Geräusche weisen ihm seinen Weg.
Ein Tauber lernt deutlicher sehen.
Schon die Bewegung von Lippen sagt ihm alles.
Wer kaum an Gottes Wirklichkeit Freude findet,
Sucht desto mehr sein Vergnügen in greifbaren Dingen.
Wer an nichts Greifbarem sein Genügen findet,
Lernt es eher, an Gottes Wirklichkeit Freude zu finden.

Aus diesem Grund nehmen Gottes Freunde
Ganz von allein
Ihre äußeren Wünschen weit weniger ernst.

Frei werden

Meine Knie wanken unter der Last meiner Schuld.
Wie schwere Steine ist sie mir auf den Rücken gepackt.
Ich schleppe diese Last tagtäglich mit mir herum.
Wie kann ich sie ablegen und wieder frei atmen?

Ich will meine Knie vollends wanken und mich fallen lassen.
Soll die Last mich doch bis auf den Boden drücken.
Bleibt sie mir weiterhin aufgeschnürt, komme ich um und sterbe.
Wenn ich sie bekenne, kann ich wieder aufstehen und leben.

Das blaue Halstuch

Am Fest Mariä Verkündigung trugen alle unverheirateten Mädchen im Dorf ein großes blaues Halstuch als Zeichen der Verehrung der Jungfrau Maria. Ein Mädchen, das selbst Mary hieß, wollte es gerade in ihrem Zimmer anlegen, als ihr jüngerer Bruder zu ihr hereinstürmte. Er entriss ihr das Tuch, drehte sich daraus ein Seil und spielte damit herum.

„Das ist ein geweihtes Tuch!“, rief das Mädchen aus. „Gib es mir sofort wieder her.“

Aber der Junge namens Michael alberte weiter mit ihm herum und lachte und schrie dazu.

„Du sündigst!“, rief das Mädchen. „Zur Buße musst du ab jetzt jeden Freitag fasten.“

Inzwischen hatte ihre Mutter den Streit zwischen den Geschwistern gehört, kam dazu und befahl Michael, Mary ihr blaues Tuch zu geben. Dann ging sie mit beiden zur Messe. Unterwegs schärfte Mary, die sehr fromm war, ihrem Bruder ein, dass er jetzt freitags immer fasten müsse.

„Von Sonnenaufgang bis Sonnenuntergang darfst du gar nichts essen oder trinken“, sagte sie und drohte ihm dabei mit dem Finger.

Zwei Tage später, an einem Donnerstag, erkrankte Michael an hohem Fieber und musste im Bett bleiben. Mary pflegte ihn. Sie beschloss, ihn trotz seines Fiebers am Freitag zum Fasten zu zwingen. Sie sagte ihrer Mutter, sie brauche für ihn nicht zu kochen, da sie selbst ihn schon mit allem Nötigen versorgen werde. Ihre Mutter ahnte nicht, was sie vorhatte.

Ab Sonnenaufgang des Freitag gab Mary ihrem Bruder nichts zu essen noch zu trinken. Ohne Flüssigkeit wurde sein Fieber immer schlimmer. Der Schweiß lief ihm aus allen Poren, bis er so ausgetrocknet war, dass der Schweiß versiegte. Aber Mary blieb bei ihrer Überzeugung, Michael müsse für sein böses Tun sühnen.

„Wenn ich jetzt nachgebe", sagte sie sich, „dann meint er, künftig brauche er das auch nicht so ganz ernst zu nehmen – und dann sündigt er wieder."

Als die Sonne sich über dem westlichen Horizont zum Untergang neigte, wurde Michaels Atem langsamer und schwerer. Und schließlich, als die Sonne verschwunden war, hörte er mit Atmen auf und war tot. Als Mary das merkte, eilte sie, es ihrer Mutter zu sagen. Dann rannte sie zum Priester und beichtete es ihm.

Viele klagten Mary an, eine Mörderin zu sein und sie widersprach dem nicht. Aber sie kam nicht in ein Gefängnis; so musste sie sich ihre Strafe selbst auferlegen. Von da an aß und trank sie von Sonnenaufgang bis Sonnenuntergang nichts mehr, außer wenn sie krank war. Nie mehr richtete sie über jemand anderen.

„Keine Sünde ist schlimmer als die, die ich begangen habe", sagte sie immer wieder. „Darum habe ich es verdient, von anderen gerichtet zu werden, statt selbst zu richten."

Das blaue Tuch trug sie nicht mehr nur am Fest Mariä Verkündigung, sondern jeden Tag, um sich daran zu erinnern, wie sie in ihrem Stolz die Muttergottes verraten hatte.

Der Honigtopf

Eine alte Frau kam zu einem Priester, der ziemlich dick war.

„Ich bin ganz verzweifelt", sagte die alte Frau. „Mein Sohn gibt unser ganzes Geld für Honig aus, den er direkt aus dem Topf verschlingt. Wir haben keinen Pfennig mehr. Bitte kommen Sie und sagen Sie ihm, er solle damit aufhören."

Wochen gingen ins Land, aber der Priester kam nicht. Die alte Frau dachte, dass der Priester ihre Bitte vergessen habe. So ging sie wieder zu ihm. Als sie vor ihm stand, war sie von seinem Anblick verblüfft.

„Sie sind so mager geworden!", rief sie aus. „Fehlt Ihnen etwas?"

„Ich habe damit aufgehört, mir dauernd Honig zu kaufen und ihn direkt aus dem Topf zu verschlingen", gab der Priester zur Antwort. „Jetzt, wo ich weiß, dass ich damit aufhören kann, bin ich in der Lage, zu Ihrem Sohn zu gehen und auch ihm zu sagen, er solle damit aufhören."

Vom Glauben und dem Zweifel

Ich kann nicht glauben

Ich kann nicht alles glauben, was man mir sagt.
Ich kann nicht leben, ohne Regeln zu brechen.
Aber meine Seele sehnt sich nach Gott.
Und mein Herz freut sich an allem, was er erschuf.

Sicher wird Gott meine Ehrlichkeit
höher schätzen als meinen Glauben.
Sicher hält er die Liebe für wichtiger
als das Angepasstsein.

Freundschaft mit Christus

Wer sich als Schmeichler Christus naht,
macht ihm nichts vor.

Wer sich als Tugendbold aufführt,
wird leicht durchschaut.
Wer stolz ist, alle religiösen Pflichten zu erfüllen,
gilt ihm nichts.
Wer Freundschaft von ihm fordert,
wird sanft abgewiesen.

Freundschaft mit Christus lässt sich nicht fordern.
Sie ist ein Geschenk.
Du hast kein Recht darauf, denn sie ist eine Gunst.
Öffne Christus dein Herz,
dann wird er zu dir kommen.
Nahe dich ihm auf den Knien
und er hilft dir aufzustehen.

Was war zuerst?

War erst das Tal da, dann der Fluss?
Oder hat der Fluss das Tal geschaffen?

War erst der Sand da, dann die Wellen?
Oder haben die Wellen aus den Felsen Sand gespült?

Waren erst Bücher da, dann die Menschen,
die sie lesen?
Oder haben Menschen diese Bücher aufgeschrieben?

War erst die Ehe da, dann kamen Kinder?
Oder waren es Kinder, die die Menschen Ehen schließen ließen?

Kann ich meine Nachbarn lieben,
noch bevor ich sie gesehen habe?
Oder weckt ihr Anblick meine Sympathie?

Kann ich beten, noch bevor ich Gott erkenne?
Oder lehrt mich Gott, wie ich zu ihm beten kann?

Die Wohltaten Gottes

Wie viele Sandkörner liegen am Strand?
Wie viele Grashalme stehen in der Wiese?
Wie viele Tautropfen hängen am Baum?
Könntest du das alles zählen,
Könntest du vielleicht auch
alle Wohltaten Gottes erfassen.

Fang gar nicht erst zu zählen an.
Vertraue einfach.
Freu dich darüber
Und danke ihm.

Schätze, die Gott geschaffen hat

Du magst blitzblank geputzte Schuhe tragen,
Deine Fußtritte sind trotzdem nicht größer
Als die eines Menschen, der barfuß geht.

Du magst einen Mantel aus bester Wolle tragen,
Dein Körper ist trotzdem nicht anders
Als der eines Menschen, der sich in Lumpen hüllt.

Gott schuf deinen Fuß, der Mensch deinen Schuh.
Gott schuf deinen Leib, der Mensch dein Kleid.
Schätze das Gottgeschaffene mehr,
Als was von den Menschen gemacht ist.

Wahr und Falsch

Nur Gott kennt alle Wahrheit,
Denn er ist diese Wahrheit selbst.
Wir Menschen kennen immer nur Fingerzeige,
Stückwerk bleibt, was uns zu begreifen möglich ist.

So wandert jeder Mensch durch helle
und durch dunkle Räume,
Erkennt ein Stück weit richtig
und ein Stück weit falsch.

Endgültig richtig können wir kaum etwas wissen.
Eindeutig falsch jedoch liegt der,
Der alles richtig wissen will.

Ein Reisegebet

Vor Antritt einer Reise
Spreche ich sieben Gebete.
Ich bete, Gott möge mich bewahren,
In einen Fluss zu fallen und zu ertrinken,
Mich zu verirren und zu erfrieren,
Überfallen und von Räubern geschlagen zu werden,
Zum Spieler zu werden und mein Geld zu verlieren,
Von einem schlimmen Fieber erfasst zu werden,
Versucht zu werden von sinnlichen Lüsten,
Mich einzulassen mit üblen Menschen.

Ich bin zu töricht und schwach,
Um mich selbst zu beschützen.
Einzig Gott kann über mich wachen
Und mich wieder nach Hause geleiten.

Faule Pfaffen, fette Mönchlein

Schwätzt mir euren Glauben nicht auf, faule Pfaffen.
Die Woche über jagt ihr und fischt
und seid hinter Mädchen her.
Sonntags werft ihr euch in schöne Gewänder
und steht am Altar.
Warum sollte ich sonntags zu euch kommen
und fromm mitsingen,
wenn ihr die übrige Woche das,
was ihr da sagt, Lügen straft?

Schwätzt mir euren Glauben nicht auf,
fette Mönchlein.
Was euch ständig umtreibt, ist eure Gier nach Speise
und Trank.
Sonntags bittet ihr um Vergebung und versprecht,
euch zu bessern.
Warum sollte ich sonntags zu euch kommen
und euer Bußgeschwätz hören,
wenn ihr die übrige Woche das,
was ihr da sagt, Lügen straft?

Nach unten, nach oben und nach innen

Ich spreche Gebete nach unten zu Boden.
Sie sind an Jesus Christus gerichtet:
Ich bitte ihn, alle Menschen zu heilen.

Ich spreche Gebete nach oben zum Himmel.
Sie sind an den Vater im Himmel gerichtet:
Ich bitte ihn, der Welt Frieden zu schenken.

Ich spreche Gebete nach innen zum Herzen.
Sie sind an den Heiligen Geist gerichtet:
Ich bitte ihn, mein Herz zu heilen und zu befrieden.

Beten

Manchmal, wenn ich bete, spreche ich Worte,
Aber ich fühle oder denke sie nicht richtig mit.
Manchmal, wenn ich bete, spreche ich Worte
Und ich denke sie mit, aber ohne Gefühl.
Manchmal, wenn ich bete, spreche ich Worte
Und ich denke und fühle mit, was ich sage.

Das Mitfühlen kann ich nicht einfach wollen.
Auch das Zerstreutsein kann mein Wille
nicht stoppen.

Mein Wille kann nur das Sprechen
von Worten bewirken.
So spreche ich also weiterhin Worte
Und überlasse es Gottes Geist, sie zu füllen.
Er soll mir Geist und Herz führen, so wie er will.

Zweifel und Zuversicht

Ich bin voller Zweifel. Und doch glaub' ich an Gott.
Ich kann nicht alles glauben, was man mich lehrt.
Die Lehren der Kirche sind zu kompliziert für mich.
Etliche davon begreife ich gar nicht.
Manche machen mir gar nicht viel Sinn.
Manche verstehe ich, sie leuchten mir aber dennoch nicht ein.

Trotz allem aber glaub' ich an Gott.
Dass er mich liebt, das leuchtet mir ein.
Ich sehe es an allem, was er mir tagtäglich schenkt.

Wo bin ich daheim?

Wo bin ich daheim?
Ist es das Haus, das ich bewohne,
Der Garten, den ich im Sommer genieße,

Das Land, das ich durchstreife,
Die Kirche, in der ich bete?

Der Ort meines Daheims
Ist dort, wo mein Herz ausruhen kann.
Am tiefsten aber ruht mein Herz,
Wenn es sich betend an Gott wendet.
Wo immer ich bete, bin ich daheim.

Selbsthilfe

Ein guter Priester starb.
Seine Gemeinde betrauerte ihn sehr.
Alle vermissten seine Liebe.
„Wer wird unsere Kranken besuchen,
Wer wird uns Gottesdienste halten?“,
fragten sie verzweifelt.
Jahre vergingen. Keiner kam.
Die Kirche blieb ohne Gottesdienst,
Die Kranken starben ungesegnet.

Schließlich taten die Leute sich zusammen.
Sie hörten auf, Vergangenes zu beweinen
Und schauten in die Zukunft.
„Wir besuchen unsere Kranken selbst
Und halten selbst den Gottesdienst“,

sagten sie entschlossen.
Die Kirche sah neue Gottesdienste,
Kein Kranker starb mehr ohne Segen.
Jahre vergingen. Den Leuten ging es gut.

Das merkwürdige Testament

Ein weiser Priester, der jahrzehntelang in einem kleinen Dorf seinen Dienst versehen hatte, spürte seinen Tod nahen. Er wusste, dass es viele dumme und starrköpfige Priester im Land gab und befürchtete, einer von dieser Sorte könne sein Nachfolger werden. So verfasste er ein Testament, in dem er genau angab, auf welche Weise man seinen Nachfolger auswählen solle.

Tatsächlich starb der alte Priester bald. Nach seinem Begräbnis versammelte sich das ganze Volk auf der Dorfwiese, um sein Testament zu vernehmen. Der Priester hatte siebzehn Pferde besessen, die auf einer Koppel hinter der Kirche gehalten wurden, und die Leute waren gespannt darauf, wer sie erben solle.

Nun hieß es im Testament: „Die siebzehn Pferde sollen unter drei Leuten aufgeteilt werden, und zwar auf die folgende Weise: Der Küster soll die Hälfte bekommen, der Kirchenpfleger ein Drittel und der Chorleiter ein Neuntel."

Es trat Schweigen ein und alle versuchten nachzurechnen, was das nun ergab. Viele machten mit den Fingern und Zehen alle möglichen Rechenversuche und kamen endlich zu dem Schluss, dass sich die Pferde auf diese

Weise gar nicht aufteilen ließen. Einer schlug vor, man solle sie einfach verkaufen und dann die Summe entsprechend aufteilen; aber andere entgegneten, dass dies gegen den Wortlaut des Testaments wäre. Nach vielem Hin und Her wurde entschieden, Küster, Kirchenpfleger und Chorleiter sollten sich auf die Suche nach jemandem machen, der weise und klug genug sei, das Testament des alten Priesters richtig auszulegen.

Die drei Männer durchwanderten wochenlang Dorf um Dorf und legten jedem, den sie trafen, ihr Problem vor. Aber keiner konnte das Rätsel lösen.

Schließlich fanden sie einen jungen Mann, der noch bei seinen Eltern lebte. Der sagte: „Ich stelle zu den siebzehn Pferden meines dazu. Das gibt dann achtzehn. Davon bekommt der Küster die Hälfte, das sind neun Pferde. Der Kirchenpfleger bekommt sein Drittel, das sind sechs Pferde. Der Chorleiter erhält sein Neuntel, das sind zwei Pferde. Neun plus sechs plus zwei gibt siebzehn. Also bleibt mein Pferd übrig, und das nehme ich mir dann wieder."

So nahmen die drei Männer den jungen Mann und sein Pferd mit sich in ihr Dorf, und sie verfuhren, wie er vorgeschlagen hatte. Alle Leute staunten. Da ging ihnen auf, weshalb ihr alter Priester dieses merkwürdige Testament gemacht hatte. Auf diese Weise hatten sie für ihn einen Nachfolger voller Weisheit und Verstand gefunden: den jungen Mann.

Der junge Mann diente ihnen viele Jahrzehnte als Priester. In der Zeit brachte auch er es wieder zu siebzehn Pferden. Als er schließlich in hohem Alter starb, waren bereits alle Einwohner von damals verstorben. So konnte er in seinem Testament wieder die gleiche Anordnung treffen und auch diese führte wieder zu dem gleichen günstigen Ergebnis.

Vom der Aufmerksamkeit

Ein Priester kniete an einer Kapelle am Straßenrand vor der Stadt und verrichtete seine Gebete. Da kam ganz in der Nähe der Kapelle eine junge Frau vorbei und das lenkte den Priester ab.

„Du unverschämtes Mädchen!“, rief ihr der Priester zu. „Siehst du nicht, dass ich hier bete? Warum lenkst du mich davon ab?“

„Es tut mir sehr Leid, Hochwürden“, sagte die junge Frau, „ich habe Sie gar nicht bemerkt. Ich bin unterwegs zu meinem Liebsten, den ich erst geheiratet habe, und ich war in Gedanken ganz bei ihm.“

„Und ich war in Gedanken ganz bei Gott“, sagte der Priester fromm.

Da kam auch ein älterer Mann des Wegs und hörte diesen Wortwechsel. „Die junge Frau war in Gedanken bei ihrem Liebsten“, sagte der Mann zu dem Priester, „und darum hat sie Sie gar nicht bemerkt. Sie waren in Gedanken bei Gott und haben sie trotzdem bemerkt. Würden Sie Gott mit der gleichen Hingabe lieben, wie sie ihren Liebsten liebt, dann hätten Sie sich von ihr gar nicht ablenken lassen.“

Der kurierte Trunkenbold

Kate hatte fünf Kinder und lebte mit ihnen in einer kleinen Hütte. Ihr Mann Bertie war ein Trunkenbold, der fast jeden Penny, den er verdiente, in der Wirtschaft ausgab. So hatten die Kinder nie genug zu essen und waren in Lumpen gekleidet.

Ein Weiser kam durch das Dorf und sah Kate still weinend vor ihrer Hütte sitzen. Er setzte sich neben sie und lud sie ein, ihm ihren Kummer zu erzählen. Sie berichtete ihm von ihrem trunksüchtigen Mann.

Der heilige Mann ging in die Wirtschaft, in der Bertie kurz zuvor wieder eingetroffen war.

„Deine Frau Kate hat mir von dir erzählt“, sagte der Weise zu ihm. „Ich sage dir, wenn du mit Trinken so

weitermachst, verwandelst du dich in eine Maus.“
Bertie überkam die Scham; er verließ unverzüglich die Wirtschaft und machte sich auf den Heimweg. Unterwegs jedoch begegnete er einem alten Freund, der schon vor etlichen Jahren das Dorf verlassen hatte und nun zu einem Besuch seiner Familie zurückgekehrt war. Die beiden Männer umarmten einander herzlich.
„Jetzt musst du mir erzählen, was du so alles gemacht hast“, sagte Bertie.
„Komm, ich lade dich auf einen Schluck ein", sagte der Freund, "und dann erzähle ich dir alles."
So wanderten sie Arm in Arm Richtung Wirtschaft. Vier Stunden später waren sie beide stockbetrunken und Bertie wankte nach Hause. Beim Betreten seiner Hütte sah er ihre schwarze Katze auf dem Küchentisch sitzen. Er erinnerte sich an das, was der weise Mann zu ihm gesagt hatte, und entsetzlicher Schrecken befiel ihn.
„Schafft schnell diese Katze hinaus“, rief er, „sonst frisst sie mich auf!"
Und von da an trank er nie mehr einen Tropfen.

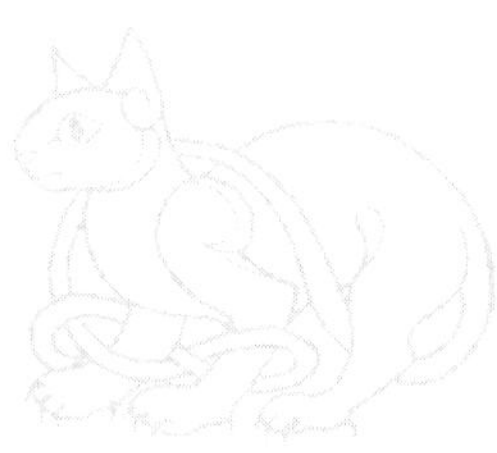

Nichts ist unmöglich

Eines Abends stand ein Priester am Ufer des Flusses Shannon und wartete darauf, von der Fähre ans andere Ufer gebracht zu werden. Ein anderer Mann kam dazu.

„Hochwürden“, sagte dieser, „die Fähre lässt schon sehr lange auf sich warten. Ich muss schleunigst nach Hause, weil mein Kind krank ist. Was soll ich nur tun?“

„Wenn ich das wüsste, würde auch ich nicht mehr hier stehen“, gab ihm der Priester zur Antwort.

„Aber es muss doch irgend eine Möglichkeit geben, dass ich heimkomme“, drängte der Mann.

„Wie oft habe ich schon von der Kanzel gesagt, dem, der glaube, sei nichts unmöglich“, entgegnete der Priester.

Darauf schwieg der andere. Er hatte das Gefühl, den Priester verärgert zu haben. Die Fähre kam immer noch nicht. Beide begannen zu vermuten, der Fährmann habe für diesen Tag den Betrieb eingestellt. Da fing der Mann wieder zu reden an.

„Stimmt es wirklich, dass dem, der glaubt, nichts unmöglich ist?“

„Natürlich stimmt das“, sagte der Priester gereizt.

Da ging der Mann in den Fluss und schritt quer darüber bis ans andere Ufer.
„Am dunkelsten ist es direkt hinter der Lampe selbst“, sagte der Priester zu sich. Und er machte sich auf den Weg, sich eine Herberge für die Nacht zu suchen.

Das Urteil

Drei Kaufleute namens O'Flynn, O'Leary und O'-Connell hatten dank ihrer Geschäfte zehntausend Goldstücke eingenommen. Dafür hatten sie gemeinsam zehn Jahre lang hart gearbeitet. Jetzt beschlossen sie sich ein Erholungsjahr zu gönnen. So teilten sie tausend Goldstücke untereinander auf, um damit ihren Urlaub zu bestreiten, und die anderen neuntausend gaben sie bei einem Goldschmied namens O'Connor in sicheren Verwahr. O'Connor versprach, ihr Geld das Jahr über sicher zu hüten. Er sollte es keinem von ihnen einzeln herausgeben dürfen, sondern nur allen Dreien zusammen. Dann ging jeder der drei seiner Wege.
Sechs Monate danach kam eines Abends O'Flynn zu O'Connors Haus und pochte an die Tür. O'Connor ließ

ihn herein und O'Flynn erklärte ihm, sie benötigten dringend das Geld, da sie eine besonders günstige Fracht aufkaufen könnten.

Aber O'Connor erwiderte: „Ich kann dir das Geld nicht geben, denn dazu müssen auch die beiden anderen da sein."

„Das stimmt", erwiderte O'Flynn, „aber die können leider gerade nicht kommen. Sie sind bei dem Händler und seiner Fracht geblieben, damit uns das Geschäft nicht entgeht. Aber sie lassen ausrichten, du könnest mir das Geld trotzdem geben."

O'Connor war ein gutgläubiger Mensch. So schloss er seinen Geldschrank auf, nahm das Geld heraus und übergab es O'Flynn.

Wieder sechs Monate später kamen O'Leary und O'-Connell zu O'Connor ins Haus, in der Erwartung, jetzt werde auch O'Flynn dorthin kommen. Als ihnen O'-Connor erklärte, was sich abgespielt hatte, packte sie große Wut: Wut auf O'Flynn, weil er sie betrogen hatte, und Wut auf O'Connor, weil er so einfältig gewesen war. Sie beschlossen, O'Connor vor Gericht zu bringen, in der Hoffnung, er werde ihnen aus seinem eigenen Geld ihren Anteil auszahlen müssen.

Vor Gericht fragte der Richter O'Connor, was er zu der gegen ihn vorgebrachten Anklage zu sagen habe.

„Dazu kann ich nichts sagen", erwiderte O'Connor und weinte still vor sich hin.

„O'Connor gesteht, dass er euch das Geld schuldet", entschied der Richter, zu O'Leary und O'Connell gewandt. „Aber gemäß eurer Vereinbarung kann er euch euren Anteil nur ausbezahlen, wenn ihr alle drei anwesend seid. So bringt O'Flynn hierher vors Gericht und ihr bekommt euer Geld."

Der schreiende Einsiedler

Ein Besucher kam in Connacht in ein Dorf am Fuß eines steilen Hügels. Die Dorfbewohner erzählten dem Besucher von dem Einsiedler, der auf dem Hügel lebte.

„Wir hören, wie er mit Gott spricht und mit ihm streitet", berichteten sie. „Er tritt bei Gott für uns sehr nachdrücklich ein. Dank seiner Gebete geraten unsere Ernten so gut und geben unsere Kühe so sahnige Milch."

So stieg der Besucher den Hügel hinauf, um diesen bemerkenswerten Einsiedler kennen zu lernen.

„Redest du wirklich mit Gott und streitest mit ihm?", fragte er ihn.

„Am Anfang, als ich hier war", erzählte ihm der Einsiedler, „hatte ich Angst, besonders bei Nacht. So fing ich zu schreien an, um mich sicher zu fühlen."

„Und was geschah dann?"

„Die Leute hörten mich schreien und von da an brachten sie mir Nahrungsmittel. Darum schreie ich immer weiter und bekomme so mein Essen von ihnen. So sorgt Gott ganz wunderbar für mich!"

Vom Reichtum und der Armut

Nachfolge

Als ich Christus nachzufolgen begann,
Ließen mich die Menschen links liegen.
Ihre Augen sahen mich noch an,
Ihr Blick aber ging durch mich hindurch.

Ich scherte mich nicht mehr um Reichtum.
Darum hielten sie mich für nicht mehr normal.
Ich legte keinen Wert mehr auf Ansehen.
Darum hielten sie mich für naiv.

„Was soll man mit dem noch reden?“,
Sagten sie, wenn sie über mich sprachen.
„Am besten kümmern wir uns gar nicht um ihn.“
Das taten sie dann auch.

Alles ist Geschenk

Wenn ich den Armen etwas gebe,
Ist es kein Grund, mir gut vorzukommen.
Stolz ist hier fehl am Platz.

Was ich besitze, ist mir nur geliehen.
Gott hat es mir zur Verwaltung anvertraut.
Ich bin sein Herz und leihe ihm meine Hände.

Meine Liebe soll die Liebe Gottes spiegeln,
Mein Mitgefühl mit den Armen Gottes Sorge.
Was ich verschenke, ist ein Geschenk von ihm.

Wie die Falter um die Flamme

Um einen Reichen flattern alle
Wie die Falter um die Flamme.
Rühmt er sich, klatschen sie Beifall.
Lügt er, glauben sie's.
Macht er Späße, wiehern sie,
Und wenn er ernst wird, sind sie still.
„Ein kluger Mensch, ein wahrer Prachtskerl"
Sagen sie, wenn er es hört.

Mir wäre es ein Gräuel, reich zu sein,
Umkreist von Faltern.
Ich möchte Freunde, die mich fordern,
Mir die Wahrheit sagen.
Sollte ich reich werden, werde ich's nicht zeigen.
Dann behalt' ich echte Freunde,
Die mir ehrlich bleiben.

Versteck' ich aber meinen Reichtum, schwindle ich.
Da bleibe ich doch lieber arm.

Wer ist reich?

Heißt reich sein weise sein und frei?
Heißt arm sein töricht sein und Knecht?

Das stellt die Welt sich vor.
Sie meint, Reichtum bringe Ehre,
Ruhm und Vergnügen.
Sie meint, Reichtum locke viele Freunde an.
Aber ist solcher Ruhm so rühmenswert?
Sind solche Freunde wirklich freund?

Heißt reich sein etwa töricht sein und Knecht?
Heißt arm sein etwa weise sein und frei?
Das Evangelium jedenfalls lehrt so.

Große Herden hab' ich nicht

Ich habe keine Herden mit viel Rindern oder Schafen.
Ich habe keine Pferde im Stall
und keinen Pferch mit Gänsen.
Ich habe weder Gold noch Edelstein im Haus.
Ich habe keine Scheune voller Weizen oder Korn.

Manche bedauern, ja verachten mich.
Ich aber, ich fühle mich frei.

Meine reichen Nachbarn haben immer Sorgen
um die Herden.
Tagtäglich zählen sie die Rinder und die Schafe nach.
Meine reichen Nachbarn haben immer Angst
um ihre Edelsteine und ihr Gold.
Bei Nacht zählen sie alles Geld sorgfältig nach.

Ich lasse ihnen gern ihre Armut.
Mir ist es ohne diese Last viel leichter.

Begier und Haben

Wer Land besitzt, giert oft nach noch mehr.
Wer keines hat, bescheidet öfter sich damit.

Nicht Reichtum bringt Zufriedenheit.
Nicht wenig Haben ist an sich ein Elend.
Entscheidend ist die Kluft zwischen
Begier und Haben.
Je schmäler diese ist, je glücklicher das Herz.

Der vergnügte Bettler

Sollen die mit gut bezahlten Stellen –
Kaufleute, Advokaten und so fort –
Für ihren Reichtum dankbar sein.

Sollen die mit reichlich Essen auf dem Tisch
Und einem sicheren Dach über dem Kopf
Sich ihrer Sicherheit erfreu'n.

Ich bin vergnügt ein Bettler.
Den einen Tag zwickt mich der Hunger, ist mir kalt,
Den andern ess' ich gut und wärme mich.

Ich hab's gelernt, nie zu verbittern,
Selbst wenn ich nur noch Unglück hab'.
Und hab' ich Glück, so dank' ich Gott.

Lob' Gott für das, was ich genieß'.
Lächle darüber, was mir fehlt.

Der Segen des Gutseins

Fluch über die, welche die Armen auspressen.
Ihre Milch soll ohne Sahne sein.
Ihre Gänse sollen keine Daunen geben.
Im Sommer sollen Feuer ihre Ernte fressen.
In ihr Fleisch sollen Maden sich einbohren.

Segen über die, welche die Armen nähren.
Ihre Milch soll fett von Sahne sein.
Auf sanften Kissen soll'n sie schlummern.
Ihre Felder sollen in Fülle tragen.
Sie sollen immer stark sein und gesund.

Der Reiche und der Tod

Der Reiche: Ich habe nie etwas getan, das große Strafe verdienen würde. Ich habe niemanden umgebracht, ich bin meiner Frau treu gewesen. Ich habe ein unbescholtenes Leben geführt.
Der Tod: Warum bist du so sicher, dass du dir nichts vorzuwerfen hast?
Der Reiche: Du glaubst mir nicht? Frage alle Menschen meiner Umgebung. Sie alle schätzen mich als ehrenwerten Mann.
Der Tod: Genießt du diese Wertschätzung? War der Respekt anderer der Grund dafür, dass du tadellos gelebt hast?
Der Reiche: Wenn ich Ja sage, wirst du mich der Sünde des Stolzes anklagen. Wenn ich Nein sage, wirst du mich unehrlich heißen.
Der Tod: Glaubst du, tadellos gelebt zu haben, reiche aus?
Der Reiche: Ich habe nicht nur keine großen Sünden begangen, sondern auch viel Gutes getan. Ich habe Obdachlose beherbergt und Bettlern etwas zu essen gegeben. Ich habe nie einen Armen von meiner Tür gewiesen.
Der Tod: Waren diejenigen, die in den Genuss deiner Güte gekommen sind, dafür dankbar?

Der Reiche: Diese Dankbarkeit habe ich erwartet. Jemand, der sich nicht bedankt, bekommt von mir nur einmal etwas, aber kein zweites Mal.
Der Tod: Warum sollten diese Menschen sich bei dir bedanken?
Der Reiche: Weil ich hart gearbeitet habe, mir meinen Reichtum zu erwerben, während sie nichts getan haben.
Der Tod: Und bei wem bedankst du dich für den Reichtum, der dir zuteil geworden ist?
Der Reiche: Du versuchst wieder, mich aufs Glatteis zu führen. Du willst, dass ich sage, ich habe niemandem zu danken, weil ich meinen Reichtum verdiene. Aber ich falle nicht auf dich herein. Ich gehe jeden Sonntag zur Kirche und danke Gott für seinen Segen.
Der Tod: Warum sagst du also den Armen nicht, sie sollten sich bei Gott für das bedanken, was du ihnen gibst?
Der Reiche: Du bist mir zu schlau. Ich sehe, dass du unschuldige Menschen dazu verleitest, etwas zu sagen, was sie nicht sagen wollen, um so Macht über ihre Seelen zu gewinnen.
Der Tod: Bist du nicht dadurch reich geworden, dass du unschuldige Menschen dazu verleitet hast, dir Dinge zu geben, die sie dir nicht geben wollten, um so Macht über sie zu bekommen?

Verhängnisvolle Habgier

Ein Mann kam jede Woche vor den König von Connacht und bat ihn um Land.

„Wenn ich ein eigenes Stück Land hätte", sagte er, „wäre ich der glücklichste Mensch."

Schließlich wurde der Mann mit seinem Gebettel dem König so lästig, dass dieser nachgab. Er sagte zu ihm: „Ich will dir so viel Land geben, wie du in einem Tag von Sonnenaufgang bis Sonnenuntergang umschreiten kannst. Aber du musst den Kreis ganz schließen und am Ende an deinen Ausgangspunkt zurückkommen."

Der Mann war überglücklich. Am nächsten Morgen stand er früh auf. Auch der König war früh aufgestanden und erwartete ihn schon. Sobald die Sonne aufging, rannte der Mann los. Der König merkte sich genau, wo er angefangen hatte.

Der Mann rannte, so schnell er konnte. Als er nicht mehr konnte, ging er eine Zeit lang im Gehen weiter. Sobald er wieder zu Atem kam, rannte er wieder los.

Als die Sonne mitten am Himmel stand, war der Mann sehr zufrieden, welch große Strecke er schon geschafft hatte. Aber als sich die Sonne langsam tiefer neigte, wurden ihm die Beine schwerer und sein Schritt wurde langsamer. Schließlich berührte die Sonne den Horizont

im Westen und der Mann war immer noch weit von seinem Ausgangspunkt entfernt. Ganz von weitem konnte er den König auf sich warten sehen.
Der Mann versuchte seine Schritte zu beschleunigen. Aber je mehr Mühe er sich gab, desto schwerer wurden ihm die Beine. Als die Sonne hinter dem Horizont versank, brach er zusammen. Der König eilte zu ihm und wischte ihm das Gesicht mit einem kühlen, feuchten Tuch ab. Der Mann schlug die Augen auf.
„Ich bin von meiner eigenen Habgier geschlagen worden", stammelte der Mann und sank in die Arme des Königs.

Der Klang des Geldes

Ein Wanderprediger kam in eine Stadt. Es war Markttag, so dass die Leute alle mit Kaufen und Verkaufen beschäftigt waren.
Sie machten einen solchen Lärm, dass sie einander kaum verstehen konnten.
Der Prediger stellte sich mitten auf dem Marktplatz auf eine Bank. So laut er nur konnte, begann er von Jesus Christus zu predigen. Die meisten Leute beachteten ihn

gar nicht. Einige wenige wandten sich ihm zu und sagten zu ihm, er solle den Mund halten.
„Am Markttag", riefen sie ihm zu, „sind wir so sehr mit Kaufen und Verkaufen beschäftigt, dass wir uns nicht auch noch um die Religion kümmern können. Komm am Sonntag wieder."
Da zog der Prediger eine große Silbermünze aus der Tasche, hob sie vor aller Augen hoch und ließ sie auf das Steinpflaster hinunterfallen. Mit lautem Klirren schlug sie auf. Beim Klang einer zu Boden fallenden Münze wurden plötzlich alle ganz still und wandten sich dem Prediger zu.
„Für den Klang des Geldes habt ihr Ohren", sagte da der Prediger zu ihnen. „Warum habt ihr nicht auch für das Evangelium Ohren, wo ihr das doch viel dringender braucht?"
Da fühlten die Leute sich beschämt. Sie blieben stehen, wurden ruhig und hörten sich die Predigt an. Erst danach wandten sie sich wieder ihren Geschäften zu.

Der Schatz

Ein alter Mann namens Paddy baute die schmackhaftesten Stachelbeeren und die dicksten schwarzen und roten Johannisbeeren im ganzen Land an. Er hatte drei Felder mit Büschen und jeden Tag hackte er rund um die Büsche jedes Unkraut sorgfältig weg. So hatten die Beerenbüsche alle Kraft des Bodens ganz für sich allein. Gegen Mitte jedes Sommers trugen sie schwer an großen, saftigen Früchten.

Leider war Paddy im Aufziehen von Kindern nicht so gut wie in der Pflege von Beerenbüschen. Seine beiden Söhne waren als die faulsten Kerle weit und breit bekannt. Sie verbrachten jeden Tag mit Trinken, Essen und Gesprächen mit ihren Kumpanen und rührten keinen Finger, ihrem Vater zu helfen. Ein Jahr ums andere ging ins Land und Paddys Kummer über die Faulheit seiner Söhne wurde immer größer.

„Wenn ich tot und nicht mehr da bin", sagte er immer wieder zu seinen Nachbarn, „wird das Unkraut bald meine Beerenbüsche überwuchern und meine Söhne werden Hunger leiden müssen."

Unweit des Dorfes lebte in einer kleinen Grotte ein Einsiedler, der für seine verschmitzte Weisheit bekannt war. Schließlich beschloss Paddy, sich an diesen Einsiedler um Rat zu wenden. Dieser hörte sich Paddys Kummer an, blieb dann eine Weile schweigend sitzen und strich sich seinen langen weißen Bart. Schließlich erhob er sich, klopfte Paddy auf die Schulter und versprach ihm, seinen Söhnen ihre Faulheit auszutreiben. Hierauf verließ der Einsiedler seine Behausung und begab sich zu den beiden jungen Männern.

„Ich muss euch etwas ganz Wichtiges sagen", eröffnete er ihnen. „Ich weiß zufällig, dass in diesen Beerenfeldern ein großer Schatz vergraben liegt. Der kann euch für den Rest eures Lebens mit Nahrung und Kleidung in Fülle versorgen."

Es war zu der Zeit September. Von da an bis Weihnachten gingen die beiden Söhne tagtäglich auf die Felder hinaus, um nach dem Schatz zu suchen. Sie gruben unter jedem Beerenbusch und stachen die Erde um, in der Hoffnung, eine Kiste mit Gold zu finden. Aber bis Heiligabend hatten sie immer noch nichts gefunden. So gingen sie zu dem Einsiedler und warfen ihm vor, sie betrogen zu haben.

„Ich habe euch nicht betrogen", entgegnete der Einsiedler mit einem Lächeln. „Ihr müsst weitersuchen. Ich verspreche euch, bis nächsten September habt ihr den Schatz gefunden."

Die Söhne weigerten sich, ihm das zu glauben.

„Also gut", sagte der Einsiedler, „ich schließe mit euch

eine Wette. Wenn ihr bis September keinen Schatz gefunden habt, der ausreicht, euch für den Rest eures Lebens Essen und Kleider zu kaufen, teile ich mit euch alles, was ich bekomme. Aber wenn ihr den Schatz findet, müsst ihr ihn mit den Armen im Dorf teilen."

Damit waren die Brüder einverstanden. So gruben sie weiter die Felder um und lockerten zwischen allen Büschen die Erde auf. Paddy schaute ihnen recht zufrieden zu und freute sich, dass kein Unkraut mehr wuchs, solange seine Söhne am Graben waren. So kam es, dass bis Mitte des folgenden Sommers die Büsche wieder eine schwere Last großer, saftiger Beeren trugen. Der Einsiedler kam zu den beiden Söhnen aufs Feld.

„Aha", sagte er, „wie ich sehe, habt ihr den Schatz gefunden."

Die beiden wussten zuerst nicht, was er damit meinte. Dann dämmerte es ihnen. Im Lauf der nächsten Wochen half ihnen der Einsiedler bei der Ernte. Sie verkauften sie auf dem Markt. Die Hälfte des Erlöses behielten sie, die andere Hälfte gaben sie den Armen.

Von da an arbeiten die beiden Brüder eifrig auf ihren Feldern. Jedes Jahr gaben sie die Hälfte ihres Ertrags den Armen. Und wie der Einsiedler ihnen vorausgesagt hatte, reichte das Geld, das sie verdienten, dafür aus, sich den Rest ihres Lebens ihr Essen und ihre Kleider zu kaufen.

Wie man Schönheit besitzt

Der reichste Mann der Stadt hatte eine Sammlung erlesener Juwelen, die er in einem Tresor verwahrt hielt. Eines Tages besuchte ihn ein Priester.

Er sagte zu ihm: „Ich habe gehört, du hast in deinem Safe zauberhafte Juwelen. Dürfte ich sie nicht einmal sehen?“

„Das ist mir ein Vergnügen“, erwiderte der Reiche. „Ich habe sie schon selbst jahrelang nicht mehr angeschaut, so werde auch ich mich wieder einmal an ihrem Anblick freuen.“

Der reiche Mann öffnete den Tresor, holte die goldene Schatulle voller Juwelen hervor und breitete diese auf dem Tisch aus. Der Priester und der reiche Mann schauten sie gebannt an und waren von ihrer Schönheit ergriffen. Hierauf legte der Reiche die Juwelen wieder in die goldene Schatulle, verstaute diese wieder im Tresor und verschloss dessen Tür.

„Danke, dass du mir diese Juwelen geschenkt hast“, sagte der Priester zu ihm.

„Na, geschenkt habe ich sie dir nicht“, entgegnete der Reiche unwirsch. „Sie gehören immer noch mir.“

„Mir war es eine genauso große Freude wie dir, diese Juwelen zu betrachten“, erwiderte hierauf der Priester.

„So ist da kein Unterschied zwischen uns – außer, dass du die Kosten und die Sorge hattest, sie zu kaufen und jetzt sicher zu verwahren."
Am selben Tag verteilte der Reiche seine Juwelen auf jedes Haus der Stadt. Es reichte gerade für jedes eins, und auch für ihn selbst blieb noch eins übrig.

Der junge Dieb

Ein junger Dieb mit viel Erfolg bekam über sein schlimmes Treiben zunehmend ein schlechtes Gewissen. So suchte er einen weisen Priester auf. Zu seiner Überraschung sagte ihm der Priester nicht, er solle sein Stehlen auf der Stelle aufgeben.

„Ich möchte, dass du andere junge Männer auftreibst, die bei dir mitmachen", sagte der Priester. „Du musst ihnen beibringen, wie man die Reichen unseres Landes bestiehlt und die Beute gebt ihr dann den Armen."
„Aber das Stehlen des Besitzes anderer ist doch nicht richtig", entgegnete der junge Dieb. „Ich hatte erwartet, du wollest meine Beichte hören und ich müsse dann Buße tun."

Der Priester erwiderte hierauf: „Gott kann auch die übelsten Taten für seine guten Zwecke verwenden."

So sammelte der junge Dieb eine Bande anderer junger Leute um sich. Gemeinsam begannen sie Gold und Silber aus allen Burgen und Schlössern im Land zu stehlen. Das Gestohlene verteilten sie dann unter den Armen. Sie taten das mit so großem Erfolg, dass die Armen reicher wurden und die Reichen ärmer. Schließlich waren die Reichen so verzweifelt, dass sie den weisen Priester aufsuchten, um seine Hilfe zu erbitten.

Der gab ihnen zur Antwort: „Wenn ihr versprecht, euren Reichtum zum Wohle aller einzusetzen, dann werde ich den jungen Dieben sagen, sie sollten mit Stehlen aufhören."

Auf diese Weise erfreute sich das Land einer Zeit der Gerechtigkeit und des Wohlstands, wie es sie noch nie gekannt hatte und seither nie mehr erlebt hat.

Vom Genuss und den Schmerzen

Freude

Stell dir vor, es gibt Menschen,
Die am Helfen keine Freude haben.
Die finsterste Nacht ohne Sterne noch Mond
Leuchtet heller als ihr strahlendster Tag.

Stell dir vor, es gibt Menschen,
Die sich nicht helfen lassen.
Der kälteste Winter, wenn es Stein und Bein friert,
Ist wärmer als ihr eisiges Herz.

Sich nur selbst Freude zu machen
Macht keine Freude.
Freude macht nur Freude, wenn sie geteilt wird.

Wenn du morgens aufstehst

Wenn du morgens aufstehst, was hast du im Kopf?
Denkst du an Essen und Trinken,
An Frohes, das dich erwartet?
Planst du deine Arbeit voraus,
Denkst, was zu tun dir bevorsteht?
Hast du Angst vor Tücken, Gefahren und Bösem,
Das dir droht?
Bist du voll Zuversicht, dass dir etwas gelingt?

Lass all das in deinem Kopf sich drehen und wirbeln.
Dann lass es los und übergib
es dem fließenden Strom.
Schaffe Leere im Kopf und Frieden dem Geist.
Still, ruhig und heiter biete Gott deinen Tag dar.

Das Geschenk des Schlafs

Ich danke Gott für diese Rosshaarmatratze.
Ich danke ihm für dieses Daunenkissen.
Und auch für meine warme, woll'ne Decke.

Ich danke Gott für das Geschenk des Schlafs.
Ich danke ihm für meinen Seelenfrieden
Und auch für die Ruhe meiner Glieder.

Ich danke Gott, wenn ich nachts aufwache,
Ich danke ihm, wenn etwas mich im Kopfe umtreibt.
Und auch für meinen ruhelosen Körper.

Ich genieße jede Nacht, die ich gut schlafe.
Die Nächte, wenn ich wache, sind mir mühsam.
Durch beides wird mein Glaube tiefer.

Den Himmel schon jetzt feiern

Wäre ich im Himmel, wäre ich voll Jubel.
Ich würde Gott mit allen Engeln danken.
Wäre ich im Himmel, würde ich vor Freude tanzen,
Mein Lachen würden alle weithin hören.

Warum nicht schon auf Erden Himmel feiern
Und dankbar sein und froh Gott loben?
Warum aufs Sterben warten?
Feiert jetzt schon Himmel,
Meckert nicht bloß und kritisiert –
Tanzt doch einfach los.

Was der Himmel auf Erden sein kann

Für den, der auf dem Boden schläft,
Ist ein weiches Bett ganz himmlisch.

Wer sich von Brosamen ernährt,
Findet ein Schnitzel himmlisch.

Wer sich in raue Lumpen kleiden muss,
Empfindet Seidenkleider himmlisch.

Wessen Gatte nur immer meckert,
Für den ist Stille himmlisch.

Wer ganz allein durchs Leben muss,
Erlebt die Liebe eines andern himmlisch.

Möge Gott uns geben, was wir brauchen.
Seinen Himmel kann er vorerst noch behalten.

Gesund sein an Leib und Seele

Am meisten Respekt haben wir einfachen Leute
Vor unserem Arzt und vor unserem Pfarrer.
Der Arzt nimmt sich unserer leiblichen Nöte an,
Der Pfarrer kennt sich in den Dingen mit Gott aus.

Das heißt, am meisten liegt uns daran,
Gesund an Leib und Seele zu sein.

Manche wollen den Arzt, den Pfarrer aber nicht.
Sie sorgen sich um den Leib, nicht um die Seele.
Andere wollen den Pfarrer, den Arzt aber nicht.
Sie sorgen sich um die Seele, nicht um ihren Leib.

Man sieht, wir können leicht die Hälfte vergessen.
Ganz gesund sein, heißt es an Seele und Leib sein.

Das einfache Leben

Wo schliefst du letzte Nacht?
Was hast du wohl geträumt?
Lagst du in einem warmen Bett
Und träumtest von dir lieben Menschen?

Was aßest du vergangne Nacht?
Und was hast du getrunken?
War es eine herzhafte Mahlzeit,
Mit Bier und Wein gegen den Durst?

Gut schlafen und süß träumen,
Gut essen und gut trinken:
Wie einfach sind des Lebens Freuden.

Wie ein Kind lächeln

Viele Menschen schauen traurig drein.
Sie meinen, Ernst sei etwas Heiliges.
Sie sprechen ihr Gebet nur flüsternd.
Sie meinen, Flüstern sei besonders heilig.

Doch Christi Frohbotschaft erfreut das Herz.
Christus will, dass auf der Erde Himmel sei.
Er sagt, wir sollten beten wie die Kinder
Und rufen, lachen, zu ihm schrei'n.

Jeder Mensch sollte lächeln wie ein Kind
Und lachen, schreien wie ein solches.
Er sollte lernen, wie ein Kind zu beten,
Und rufen, lachen, zu ihm schrei'n.

Ich wandre durch die Dürre

Ich wandre durch die Dürre, wo nichts wächst.
Die Bienen sammeln keinen Honig,
Keine Kühe grasen.
Bei Nacht versagt der Mond sein stilles Licht,
Bei Tag verhüllt die Sonne sich in schwarzen Wolken.
Weizen und Gerste welken auf den Halmen,
Das Obst verdorrt, noch eh es reift.

Gott hat mir seinen Segen ganz entzogen.
Er hat beschlossen, meinen Glauben zu erproben.
Werde ich ihn noch lieben und auf ihn vertrauen,
Wenn er mich in die trockne, raue Wildnis setzt?
Sein Segen fehlt mir, und ich möchte fluchen.
Dass doch mein Fluch in Segensworte schmelze.

Nach Jahren voller Plackerei

Nach jahrelangem Graben, Heben,
Nach jahrelangem Pflügen, Säen,
Nach jahrelangem Ernten, Dreschen
Schmerzt mir das Kreuz in einem fort.

Bei Nacht, wenn mich der Schmerz
am Schlafen hindert,
Verfluche ich die Jahre voller Plackerei.
Ist es dann Tag und ich kann vor Schmerzen
mich kaum rühren,
Bet' ich zu Gott, er möge mir doch helfen.

Nur dann, wenn diese Schmerzen einmal enden,
Freue ich mich meines Lebens und ich preise Gott.
Kommt es dann wieder und plagt mich der Schmerz,
Sehn' ich mich nach dem Himmel,
um ihn ohne Schmerz zu loben.

Vier Gründe, um zu zittern

Vier Gründe gibt es, um zu zittern.
Wenn einer Angst hat, kann er zittern.
Wenn eine krank ist, kann sie zittern.
Wenn einer Wut hat, kann er zittern.
Wenn eine liebt, so kann sie zittern.

Angst, Krankheit, Wut und Liebe –
Das alles mutet Gott uns zu.
Wovor uns Angst ist,
Was uns krank macht,
Was uns mit Wut erfüllt,
Was uns zur Liebe reizt –
Das ist zum Teil auch unsre Wahl.
In allem steckt der Segen Gottes.

Die Zunge

Wie leicht verletz' ich and're mit der Zunge.
Wie mit der Peitsche schlag ich ihre Seele,
Wie mit dem Speer durchbohre ich ihr Herz,
Wie mit dem Rammbock stoße ich in ihren Geist.

Es ist nicht Absicht, dass ich meine Zunge
so missbrauche.

Doch in mir steckt etwas, das schlecht und böse ist
Und sich nur zu gern über meine Zunge äußert.
Ich muss mein Inneres befrieden.
Dann wird auch meine Zunge friedlich.

Ein Sommermorgen

Ein Sommermorgen. Ich liege da mit offnen Augen.
Die Sonne strahlt, am Himmel Wolkenschiffe,
Vögel zwitschern vergnügt, die Blumen blühen,
Bienen besuchen Blüten, Kühe rupfen Gras.

Ein Sommermorgen.
Ich liege mit geschloss'nen Augen.
Die Sonne wärmt. Ich höre Vögel singen,
Bienen umsummen mich und Kühe grasen.
Wind streichelt mich, ich rieche Blumen duften.

All meine Sinne sind hellwach.
Für alle Schönheit: Danke, Gott.

Eine Wiese im Juni

Ich schreite durch eine Wiese im Juni.
Wildblumen streicheln mir die Beine,
Rote und gelbe Blüten lachen mich an,
Der Tau des Grases wäscht mich ab.

Ist jede Blume nicht ein Engel?
Und jede Blüte sein Gesicht?
Waschen die Engel meine Sünden fort?
Sind sie Geliebte mir und Freunde?

Im Hier und Jetzt ist Gott anwesend.
Im Hier und Jetzt ist Himmel auf der Erde.
Im Hier und Jetzt ist Ewigkeit.
Im Hier und Jetzt ist Freude ohne Ende.

Der Priester und der Fischer

Priester: Warum sitzt du hier dösend im Sand neben deinem Boot?

Fischer: Weil heute die Sonne so schön warm scheint.

Priester: Statt hier faul herumzulungern, wäre es besser, du würdest hinausfahren und Fische fangen.

Fischer: Warum sollte ich mehr Fische fangen?

Priester: Du könntest damit mehr verdienen.

Fischer: Warum sollte ich mehr verdienen?

Priester: Dann könntest du dir ein zweites Boot kaufen, weitere Fischer anstellen und noch mehr Fische fangen.

Fischer: Warum sollte ich das machen?

Priester: Dann könntest du noch mehr Geld verdienen.

Fischer: Was hätte ich davon?

Priester: Wenn du fest gearbeitet und gutes Geld verdient hättest, könntest du es dir schön machen und dich ausruhen.

Fischer: Aber das tue ich ja gerade.

Die trauernde Witwe

In einer Hütte am Rand des Dorfes lebte ein altes Paar. Alle beneideten sie um ihre glückliche Ehe. Sie stritten nie und waren immer zärtlich miteinander. Doch nach 43 Jahren voller Glück wurde der Mann krank und starb. Die Frau war außer sich vor Trauer. Ihre Kinder, die Nachbarn, alle versuchten sie zu trösten, aber umsonst. Wochen und Monate gingen ins Land, aber die Frau trauerte immer noch; von Morgen bis Abend liefen ihr die Tränen über die Wangen.

Da kam ein heiliger Mann in das Dorf. Die Leute erzählten ihm von der Frau und baten ihn, er solle doch versuchen, ihr zu helfen. So ging der heilige Mann zum Haus der Witwe. Obwohl er nur in ein raues wollenes Gewand gekleidet war, trug er an seinem linken Zeigefinger einen goldenen Ring mit einem großen Smaragd darin. Er zog den Ring vom Finger und gab ihn der Frau.
„Den möchte ich der Familie schenken, die keinen Kummer hat“, sagte der Mann. „Hilfst du mir dabei?“
Die Frau schickte sich an, eine solche Familie zu suchen. Sie besuchte jedes Haus im Dorf und der Umgebung und sprach mit allen Leuten. Schließlich kam sie wieder nach Hause und gab dem heiligen Mann seinen Ring zurück. Sie trauerte von nun an nicht mehr.

Vom Frieden und dem Streit

Christi Kreuz bewahre uns

Vor Zerstörern meines Landes,
Vor Zerstörern meiner Werte,
Vor Zerstörern alles Guten und Wahren
Möge Christi Kreuz uns schützen.

Das Kreuz bringe uns Frieden,
Das Kreuz bringe uns Liebe,
Das Kreuz bewahre uns vor allem Übel,
Und führe uns in die Geborgenheit des Himmels.

Worin sich Einigkeit erweist

Menschen waren schon immer
verschiedener Meinung.
Über jedes Thema gab es gegensätzliche Auffassungen.
Christus legte uns die Liebe
und das Einssein ans Herz.
Er wollte, dass sich alle Menschen verstünden.

Doch hat er uns ganz unterschiedlich
erschaffen und begabt.
Jeder hat seinen eigenen Kopf
und sieht die Welt mit anderen Augen.

Können wir verschiedener Meinung sein
und trotzdem eins?
Können wir gegensätzliche Auffassungen haben
und einander trotzdem verstehen?
Darin erweist sich wahre Einigkeit.

Wut ist eine trügerische Lehrmeisterin

Da ist einer wütend auf sein Kind.
Er geht in den Wald und holt einen Stock.
Er packt sein Kind und züchtigt es hart.
Wem hat er gedient: dem Kind oder sich selbst?

Da ist einer wütend auf seinen Nachbarn.
Er ist überzeugt: Der Nachbar hat ihm Böses getan.
Er verflucht ihn laut, verurteilt ihn vor allen andern.
Wem hat er gedient: dem Nachbarn oder sich selbst?

Wut ist eine trügerische Lehrmeisterin.
Sie redet uns ein, wir seien im Recht,
Und das selbst dann, wenn wir Menschen verletzen,
die wir schätzen.

Wahre Stärke

Ich habe breite und starke Schultern,
Die Muskeln meiner Arme sind straff.
Meine Beine sind stramme Säulen,
Mein Körper ist aufrecht und zäh.

Doch in der Versuchung bin ich schwach
Und schwanke wie ein Zweig im Wind.
Will ich etwas unbedingt haben, greif' ich zu,
Will ich eine Frau, lasse ich ihr keine Ruh'.

Würden doch meine Muskeln erschlaffen
Und mein Geist wäre stark wie eine Eiche!

Jagen oder Gejagtwerden

Ich jage gerne wilde Tiere und Vögel.
Ich schieße gern einen Pfeil in die Luft
Und sehe meine Beute zu Boden stürzen.
Gern esse ich selbstgetötetes Fleisch.

Aber von andern gejagt will ich nicht werden.
Ich fürchte die Jäger mit Schwertern und Knütteln,
Fliehe vor denen mit Lanzen und Speeren.
Ich finde es schrecklich,
Freunde im Kampf fallen zu sehen.

Warum tue ich Vögeln und Tieren das an,
Was ich selbst keinesfalls erdulden möchte?

Des Kämpfens müde

Ich bin des Kämpfens gegen meine Feinde müde.
Mein Leben lang habe ich mich um Siege bemüht.
Ich habe schon viele großartige Siege erfochten
Und auch Niederlagen einstecken müssen.

Doch das Siegen hat seinen Reiz für mich verloren.
Wenn man gesiegt hat, macht das nicht wirklich froh.
Statt Siege zu feiern, hätte ich öfter lächeln sollen.

Ich hätte mich besser um Freunde
Statt um Siege bemüht.

Sollte noch ein Feind über mich herfallen,
Will ich lieber sterben statt kämpfen.

Ein starkes Herz ist besser als ein Schild

Stell dir vor, ich hätte einen Schild,
Der mich beschützte
Sogar vor einer sirrenden Stechfliege,
Sogar vor einem brennenden Sonnenstrahl,
Sogar vor dem Grollen des Donners.

Wertvoller als ein solcher Schild wäre jedoch
Ein Herz, das sich von derlei Dingen
nicht anfechten lässt.

Wahre Stärke und Klugheit

Würden Christus und der stärkste Mann der Welt
Im Kampf gegeneinander antreten;
Und würde Christus den stärksten Mann besiegen
Und mühelos zu Boden zwingen:
Würde das dich von der Stärke Christi überzeugen?

Würden Christus und der klügste Mensch der Welt
Im Diskutieren sich gemeinsam messen;
Und würde Christus diesen klügsten Menschen
überbieten und alle seine Argumente widerlegen:
Würde das dich von der Klugheit Christi überzeugen?

Aber Christus wies uns an,
Die andre Wange hinzuhalten.
Er ließ es zu, von Klügeren am Kreuze
umgebracht zu werden.
Er gab sich schwach und wurde töricht.
Darin lag seine Stärke und seine Klugheit.

Mein Herz ist wie ein ungebändigtes Pferd

Mein Herz ist wie ein ungebändigtes Pferd.
Eine Zeit lang bleibt das Pferd ganz zahm und ruhig,
Dann aber wird es jählings bockig.
Eine Zeit lang ist mein Herz ganz friedlich,
Dann aber wird es jäh begehrlich und schlägt aus.

Ein guter Reiter kann sein Pferd beruhigen,
Sodass es seiner Lenkung willig folgt.

Aus Feinden Freunde machen

Besser ist es, durch die Welt zu streifen
Mit einem Stecken in der Hand,
Um von den Bäumen Obst zu holen,
Statt mit gezücktem Schwert,
Um seine Feinde zu erlegen.

Gott lässt Obst auf den Bäumen wachsen,
Unsern Körper frisch zu stärken,
In unsern Herzen aber Liebe,
Um aus Feinden Freunde uns zu machen.

Ein Licht in der Finsternis

Jonathan und Thomas stritten ständig miteinander. Sie wohnten direkt nebeneinander und sooft sie einander begegneten, wussten sie sich irgend eine Grobheit an den Kopf zu werfen. Machte am einen Tag Jonathan Thomas Vorhaltungen, weil er es zuließ, dass sein Vieh unter dem Zaun durch von seiner Wiese Gras fraß, so war am nächsten Tag Thomas auf Jonathan wütend, weil sich von dessen Grundstück aus die Brennnesseln immer mehr auf sein Anwesen ausbreiteten. Ihre beiden Frauen dagegen waren gute Freundinnen und wünschten sehr, auch ihre Männer kämen besser miteinander aus.

Eines Winters schließlich beschlossen die beiden Frauen, die schon lange unter den ewigen Streitereien der beiden litten, dass es so nicht weitergehen dürfe. „Jetzt ist bald Weihnachten“, sagten sie zu ihren Männern. „Das soll eine Zeit des Friedens und der Versöhnung sein. Da könntet ihr doch endlich auch einmal Frieden schließen, statt dauernd nur zu streiten.“

Aber schon am nächsten Tag warf Thomas Jonathan vor, beim Räumen den Schnee auf sein Grundstück geschoben zu haben, und daraus wurde ein heftiges Wortgefecht. So gingen ihre Frauen schließlich zum Pfarrer des

Ortes und baten ihn um seinen Rat. Father Kevin war ein alter Mann mit kahlem Schädel und langem weißem Bart. Er hörte sich den Kummer beider Frauen an, blieb dann still sitzen, kratzte sich am kahlen Schädel und strich seinen Bart. Dann stand er wortlos auf und begab sich zu den beiden Männern.

„Ich möchte am Heiligabend mit euch einen Wettstreit veranstalten", eröffnete er den beiden. „Das wird für das ganze Dorf eine spannende Veranstaltung. Wir teilen meine Scheune in drei gleiche Partien auf. Dann wollen wir zusehen, wer von uns in der Zeit von Tagesanbruch bis Sonnenuntergang seinen Teil am dichtesten voll packen kann, mit allem, was irgend verfügbar ist. Wenn einer von euch gewinnt, bekommt ihr alles Obst und Gemüse, das nächstes Jahr in meinem Garten wächst. Wenn ich gewinne, müsst ihr mir versprechen, nie mehr miteinander zu streiten, sondern gute Freunde zu werden."

Jonathan und Thomas dachten sich, dass sie dabei ja nichts zu verlieren hätten und waren mit dem Wettkampf einverstanden. Beim Morgengrauen des Heiligabend war das ganze Dorf um die Scheune versammelt. Und sobald die Sonne über dem östlichen Horizont zu sehen war, begannen Jonathan und Thomas im Dorf hin und her zu eilen und alles, was sie nur finden konnten, in ihren Teil der Scheune zu packen: Strohbündel, alte Eimer, Kartoffelsäcke und was immer sie tragen konnten. Aber Father Kevin war überhaupt nicht zu sehen.

Zur Zeit des Mittagessens waren Jonathan und Thomas immer noch eifrig damit beschäftigt, ihren Teil der Scheune voll zu packen. Und Father Kevin war immer noch nicht gekommen. Etliche Stunden später, als sich die Sonne bereits zum westlichen Horizont zu senken begann, hatten beide ihren Teil der Scheune fast bis unters Dach gefüllt. Aber Father Kevins Teil war immer noch leer.

Als schließlich die letzten Sonnenstrahlen erloschen, trat Father Kevin aus seiner Hütte und trug eine nicht entzündeten Kerze in der Hand. Er betrat die Scheune und stellte mitten darin die Kerze auf. Sodann sprach er den Vers aus dem Anfangskapitel des Johannesevangeliums: „Das Licht Christi scheint in der Finsternis und die Finsternis kann's nicht besiegen." Dann kniete er sich nieder und zündete die Kerze an.

In der Finsternis des Heiligabend erfüllte ihr Schein die ganze Scheune und erhellte sogar ganz oben die Dachbalken. Da brach lauter Jubel los, weil allen klar wurde, dass Father Kevin den Wettstreit gewonnen hatte. Jonathan und Thomas kamen nach vorn und reichten sich über der Kerze die Hand. Ab diesem Weihnachtsfest wurden sie die besten Freunde.

Diebe, die Vertrauen schätzen

Ein Mann reiste vom Osten des Landes in den Westen. Sein Weg führte ihn durch eine einsame Gegend mit Sümpfen und Seen, die nur dünn besiedelt war und wo Reisende oft ausgeraubt wurden. Als er in diese Gegend kam, sah er ein großes Haus.

„Ich will den Besitzer dieses Hauses bitten, meinen Beutel mit Gold und Silber in Verwahr zu nehmen", sagte sich der Mann. „Bei der Rückreise werde ich ihn dann hier wieder mitnehmen. So ist er vor Räubern sicher."

So klopfte er an die Tür des Hauses. Sein Besitzer hieß ihn herzlich willkommen und erklärte sich bereit, sein Gold und Silber bis zu seiner Rückkehr in Gewahrsam zu nehmen. Hierauf setzte der Mann seine Reise fort. Einige Meilen weiter wurde er mitten zwischen Sümpfen und Seen von Räubern überfallen. Sie nahmen ihm die wenigen Münzen weg, die er bei sich trug, und machten sich davon.

Einige Tage danach kam der Mann aus dem Westen zurück. Er klopfte an die Tür des großen Hauses. Der Besitzer öffnete ihm und da erkannte er im Vorderzimmer die Räuber, die ihn überfallen hatten. Auf der Stelle wurde ihm klar, dass der Hausbesitzer ihr Anführer war. „Komm herein“, sagte der Hausherr zu ihm, „und nimm deinen Beutel mit Gold und Silber.“

„Aber weshalb gibst du mir meinen Beutel zurück, wo du doch der Anführer dieser Räuber bist?“

„Weil du mir dein Vertrauen geschenkt hast“, kam die Antwort. „Gäbe es kein Vertrauen bei uns, dann würden auch diese Räuber nicht zu mir kommen und ihre Beute mit mir teilen. Allen, die mir vertrauen, schenke ich auch mein Vertrauen.“

Der Friede ist nie endgültig

Ein heiliger Mann kam in ein Dorf. Er traf den Dorfpriester auf dem Marktplatz. Der Priester begann mit den Erfolgen seiner Seelsorge zu prahlen.

„Ich bin jetzt zehn Jahre hier“, erzählte er. „Als ich hierher kam, gab es fast jeden Tag im Dorf irgendwo heftigen Streit. Aber dank meiner christlichen Predigt und Lehre ist jetzt schon ein ganzes Jahr lang keiner mehr auf den anderen losgegangen. Jetzt ist endgültig Frieden.“

„Ein schöner Erfolg", erwiderte der heilige Mann. „Aber hüte dich vor der Illusion, du hättest durch deine Predigt endgültig das Bedürfnis, aufeinander loszugehen, aus dem Dorf verbannt."
„Sei versichert", meinte der Priester selbstgefällig, „ich habe diese Leute im Griff."
Der heilige Mann ging in einen Laden und kaufte ein Glas Honig. Dann begann er, draußen etlichen Honig auf eine Wand zu streichen. Bald umsummten diesen Honig ganze Schwärme von Fliegen. Dann tauchten immer mehr größere Insekten auf, um die Fliegen zu fangen. Eine Katze kam herzu und versuchte, die größeren Insekten zu haschen. Da kam ein Hund vorbei, sah die Katze und ging auf sie los. Ein Bursche sah den Hund auf die Katze losgehen und schlug mit einem Stock nach dem Hund. Der Besitzer des Hundes wurde darüber wütend und schlug nach dem Burschen. Da wehrte sich der Bursche und schlug zurück. Rasch lief eine ganze Menschenmenge zusammen, um den Streithähnen zuzusehen; die einen feuerten den Hundebesitzer an, die anderen den Burschen.
Hierauf sagte der heilige Mann zum Priester: „Um den Frieden zu wahren, bedarf es ständiger Wachsamkeit. Mit dieser Arbeit kommst du nie an ein Ende."
Und der heilige Mann ging seiner Wege.

Von der Weisheit und der Torheit

Guter Rat

Mein Vater gab mir oft guten Rat.
Wohl vernahm ich seine Worte,
Hielt mich aber nicht daran.
Mein Vater unterwies mich in viel Segensreichem.
Doch mir ging's ins eine Ohr hinein,
Zum anderen hinaus.

Jetzt ist mein Vater tot
Und kann mir nichts mehr sagen.
Ich wäre jetzt ein williger Hörer, doch es ist zu spät.
Ich möchte seinen Segen,
Aber seine Hand ist kalt und steif.
Er kommt nie mehr zu mir zurück.

So wende ich mich denn ab jetzt an Gott um Rat
Und bitte ihn, mir meinen Weg zu weisen.
Leb wohl mein Vater;
Nimm mich an, Vater im Himmel.

Die Steine meines Hauses

Die Steine meines Hauses, sie sind meine Zeugen.
Sie haben gesehen, was ich Gutes,
Was ich Schlechtes tat.
Sie haben über alle meine Freuden
Und auch Schmerzen treu gewacht.
In jeder Stimmung meines Herzens
haben sie mich schon erlebt.

Vermöchten sie zu reden,
Könnten sie recht viel erzählen.
Sind sie darüber froh, dass sie nichts sagen können?
Möchte ich überhaupt,
Dass sie der Sprache mächtig wären?
Schäme ich mich meines Lebens
Oder bin ich stolz darauf?

Diese Steine sind die Augen meines Gottes.
Sooft ich sie anschaue, will ich denken,
Dass es Gott selbst ist, der mir immer zusieht.

Spotte nie

Spotte nie darüber, was andere sagen.
Vielleicht sind ihre Worte voller Unsinn.
Vielleicht versuchen sie, sich aufzuplustern.
Vielleicht hören sie sich gern selber reden.
Vielleicht wollen sie täuschen, die sie hören.
Vielleicht sind sie einfältig oder dumm.
Vielleicht sind sie schlau, doch nicht weise.
Doch in all dem Wertlosen, was sie plappern,
Kann doch ein kostbares Goldkörnlein stecken.
Ein jeder trägt das Gotteswort im Herzen.
Gelegentlich kann es aus jedem blinken.

Sei so zufrieden, wie du bist

Sei so zufrieden, wie du bist.
Wenn jung, sei deiner Jugend froh.
Wenn alt, genieße froh dein Alter.
Wenn geistreich, lasse deinen Geist froh sprühen.
Wenn langsam, sei bedächtig froh.
Wenn hübsch, sei froh, dass du so schön bist,
Wenn unscheinbar, sei froh,
Dass du ganz andre Stärken hast.
Zum Frohsein hast du immer Grund.

Sicherheit an Leib und Seele

Schweift einer weit fort in entlegene Gegenden,
Ist niemand um ihn,
Der ihm aus Gefahren helfen könnte.
Schweift einer weit fort von der Liebe seiner Freunde,
Ist niemand um ihn, der ihm gegen den Teufel
helfen könnte.
Um deiner leiblichen Sicherheit willen
bleib in Kontakt mit daheim,
Damit deine Freunde dir rasch zu Hilfe
zu eilen vermögen.
Um deiner seelischen Sicherheit willen
bleib in Kontakt mit daheim,
Damit deine Freunde dir rasch zu Hilfe
zu eilen vermögen.

Mit den Augen der anderen

Siehst du dich selbst mit den Augen der anderen?
Hast du wie die anderen den Blick für Tugenden und Stärken?
Siehst du deine Fehler und Schwächen?

Oder unterschätzt du dich selbst, wertest dich ab
Und lässt deine Fähigkeiten brach liegen?
Oder überschätzt du dich selbst,
Blähst dich auf
Und setzt herab, was andere tun?
Die Antwort auf diese Fragen kannst du nicht kennen.
Aber höre sorgfältig hin und du lernst manches.

Geliehener Glanz

Beziehst du deinen Stolz von Menschen,
Mit denen du umgehst?
Sonnst du dich im Glanz anderer Menschen?

Verkehrst du mit Königen,
So kommst du dir mächtig vor.
Sprichst du mit Gelehrten,
So hältst du dich für gescheit.
Sitzt du mit Mönchen, so kommst du dir heilig vor.

Plauderst du mit Kriegern, so fühlst du dich stark.
Würden nun andere sich daran bemessen,
Dass sie mit dir umgehn,
Was müssten sie wohl von sich halten?

Stadt und Land

Das Land hat seine Art.
Es ist roh, einfach und zäh.
Die Stadt hat ihre Art:
Sie ist sanft, kompliziert und lasch.

Der Landmann beneidet die Stadt,
Ist jedoch stolz auf seine ländliche Art.
Der Städter verachtet das Land,
Sehnt sich indes nach ländlicher Stille.

Könnte nicht jedes Dorf zur kleinen Stadt werden
Und jede Stadt sich mit grünen Feldern zieren?

Verachte keinen, der stottert

Verachte keinen, der stottert.
Verlache nicht den Menschen mit schwerer Zunge.
Was flink daher gesagt wird, ist recht oft ein Unsinn.
So ist es besser, seine Worte mit Bedacht zu äußern.

Wenn einer stotternd Worte voller Weisheit spricht,
Zwingt er den Hörer, desto aufmerksamer
hinzuhören.

Dereinst war ich berühmt

Dereinst war ich berühmt.
Man sagte mir eine goldene Zunge nach.
Die Leute hingen mir an den Lippen.
Ich war der gesuchteste Redner im Land.

Aber Ruhm welkt schneller als Reichtum.
Ich verlor mein Redetalent.
Ich konnte nicht mehr inspirierend sprechen.
Bald war ich von den Menschen vergessen.

Ich meinte damals, ich diente Gott.
In Wirklichkeit war es mein Stolz.
Ich hielt mich für innerlich froh.

In Wirklichkeit war meine Seele krank.
Ich danke Gott, dass mein Ruhm jetzt dahin ist.
Ich danke Gott, dass ich jetzt demütig bin.

Jede Tür hat ihren Schlüssel

Für jedes Schloss haben wir einen Schlüssel.
Ein bestimmter Schlüssel ist für eine
bestimmte Tür.

Habe ein Gebet für jedes wichtige Anliegen.
Ein bestimmtes Gebet führt zu einer
bestimmten Antwort.

Habe eine Tat der Liebe für jede Not, die du siehst.
Eine bestimmte Tat führt zu einer
bestimmten Frucht.

Habe einen Gedanken für jede Weisheit.
Ein bestimmter Gedanke führt zu einer
bestimmten guten Gewohnheit.

Der weise Narr

Rafferty war der reichste Mann in der Stadt. Er wohnte in einem großen Haus im Osten der Stadt, seine Mutter hingegen in einer kleinen Hütte im Westen der Stadt. Seine Mutter war sehr alt. Schließlich wurde sie so schwach, dass sie die ganze Zeit eine Hilfe brauchte. Rafferty wollte ihr nicht selbst helfen. So stellte er junge Männer an, die allnächtlich an ihrem Bett wachen sollten.

„Jedem jungen Mann, der nachts bei meiner Mutter wacht, zahle ich pro Nacht fünf Silbermünzen", gab er bekannt. „Am frühen Morgen will ich jeweils berichtet haben, wie es ihr geht. Wer mir sagt, sie sei gestorben, muss selbst sterben."

Ein ganzes Jahr lang hielten sieben junge Männer nachts an ihrem Bett Wache, an jedem Wochentag einer. Unter diesen jungen Männern war ein Einfaltspinsel namens Jack, bekannt als der Trottel der Stadt. In der Mitte jeder Nacht schickte Rafferty seinen Diener zur Kontrolle, ob der junge Mann auch wirklich am Bett wache und die Mutter noch lebe.

Nach einem Jahr wurde die Mutter so schwach, dass der Tod bevorstand. In der Nacht, da Jack wachte, starb sie schließlich. Jack hatte große Angst, weil jeden Augenblick der Diener kommen musste. Wenn er sehen würde, dass die alte Frau tot sei, würde er ihn zu Rafferty schleppen und der würde ihn töten. So nahm der Narr das Messer, mit dem die alte Frau Fleisch und Brot geschnitten hatte und stellte sich hinter die Tür. Als der Diener hereinkam, erstach ihn Jack von hinten und schnitt ihm den Kopf ab.

Jetzt hatte Jack Angst, wenn er zu fliehen versuche, werde Rafferty nach ihm fahnden lassen und ihn finden. So beschloss er zu Rafferty zu gehen und ihn zu bitten, ihn am Leben zu lassen.

Er erreichte Raffertys Haus, als gerade der Morgen graute. Rafferty kam mit gezücktem Schwert heraus, um Jack zu befragen.

„Warum ist mein Diener nicht hierher zurückgekommen?", fragte Rafferty barsch.

„Weil ich ihm den Hut vom Kopf gestoßen habe, und ohne Hut möchte er nicht auf die Straße gehen. Verzeihst du mir, dass ich ihm den Hut heruntergestoßen habe?"

„Natürlich verzeihe ich eine solche Bagatelle", erwiderte Rafferty.

„Aber dabei ging auch sein Kopf mit ab", fügte Jack hinzu. Doch da Rafferty ihm bereits verziehen hatte, konnte er ihn nicht mehr bestrafen.

„Hast du mir sonst noch eine Neuigkeit?", fragte Rafferty weiter.

„Ja“, gab Jack zur Antwort. „Gottes Helle strahlt über der Erde.“
„Das kommt daher, dass die Sonne aufgegangen ist, du Narr!“, sagte Rafferty. „Und sonst noch etwas?“
„Das Haus, in dem du aufgewachsen bist, ist jetzt sehr still“, sagte Jack.
„Du willst sagen, meine Mutter ist gestorben.“
„Ach“, entgegnete Jack, „jetzt bist du es, der diese Nachricht als Erster ausspricht. So kannst du mich nicht bestrafen.“ Hierauf machte sich Jack in die Stadt davon.
So ist der alte irische Spruch entstanden: „Ein Narr zu sein, kann durchaus klug sein.“

Das Schaf und der Geldbeutel

Ein Mann brachte sein Schaf zum Markt und ging seines Wegs dahin. Das Schaf ging hinter ihm an einem Strick.
Von hinten her nahte sich ein Dieb, schnitt den Strick ab und stahl das Schaf. Als der Mann den Diebstahl bemerkte, war er außer sich. Er rannte los, den Dieb mit seinem Schaf zu suchen.
Schließlich kam er an einen Brunnen. An dessen Rand saß ein Mann, offensichtlich ganz verzweifelt. Das war

der Dieb, aber der Eigentümer des Schafes wusste das nicht. Er hatte das Schaf gerade verkauft.
„Warum bist du so verzweifelt?"
„Mir ist mein Geldbeutel in den Brunnen gefallen", gab der Dieb zur Antwort. „Darin sind hundert Silberstücke. Wenn du ihn mir herausholen könnest, würde ich dir gern zwanzig Stücke davon geben."
Der Mann konnte gut tauchen und freute sich, denn er dachte: „Zwanzig Silberstücke sind viel mehr wert als mein gestohlenes Schaf." So zog er seine Kleider aus und tauchte in den Brunnen.
Während er unter Wasser war, nahm der Dieb seine Kleider und rannte davon.

Der Priester und der Bettler

Priester: Was tust du mit diesem Schwein am Strick hier am Straßenrand?

Bettler: Was tust du mit dem Zügel in der Hand hier hoch zu Ross?

Priester: Wie lange bist du schon da?

Bettler: So lange wie die Straße.

Priester: Wem gehören diese Ferkelchen?

Bettler: Sie gehören dem Schwein.

Priester: Das weiß ich, aber ich frage dich, wer ihr

Herr ist.

Bettler: Die Natur ist ihr Herr, denn sie bringt ihnen bei, wie man frisst und trinkt, geht und rennt.

Priester: Na gut. Und wer ist dein Herr?

Bettler: Mein Herr ist meiner Herrin Ehemann, ein guter Mann, wie du kaum einen zweiten findest.

Priester: Und wer ist deine Herrin?

Bettler: Die Ehefrau meines Herrn. Das weiß jeder.

Priester: Ich will dich etwas Einfaches fragen. Mit der Antwort darauf kannst du mir helfen. Wo wohnt Patrick O'Donnell?

Bettler: Halte den Arm geradeaus und gehe ihm nach, bis er schmerzt. Dann folge deiner Nase. Wenn du sein Haus dann nicht findest, sind deine Führer schuld.

Priester: Du bist ein unverschämter Mensch. Was ist dein Gewerbe?

Bettler: Ich habe ein treffliches Gewerbe. Ich zeige den Leuten den Weg zum Himmel.

Priester: Das ist mein Gewerbe. Ich bin es, der den Leuten den Weg zum Himmel zeigt.

Bettler: Wie kannst du den Leuten den Weg zum Himmel zeigen? Du weißt ja nicht einmal den Weg zu Patrick O'Donnells Haus.

Priester: Ich gebe mich geschlagen. Hier hast du eine Silbermünze.

Bettler: Danke. Wie schade, dass ein solcher Tor wie du nicht jeden Tag hier vorbeikommt.

Der Riesenkürbis

Die Einwohner eines gewissen Dorfes waren ziemlich närrisch. Eines Jahres pflanzten sie auf einem Feld beim Dorf Kürbisse. Einer dieser Kürbisse wurde so groß, dass die Leute meinten, er müsse gefährlich sein. Sie nannten ihn ein Monster und aus lauter Angst vor ihm trauten sie sich gar nicht mehr auf das Feld, um die anderen Kürbisse zu ernten.

Ein reisender Prediger erschien im Dorf. Sie erzählten ihm von dem Monster. Er schaute zum Feld hinüber und erkannte, dass es nur ein außergewöhnlich großer Kürbis war. So erbot er sich, das Monster für sie zu erlegen. Er ging mit einem Messer aufs Feld hinaus, schnitt aus dem Kürbis einen Schnitz und begann ihn zu essen. Die närrischen Dorfbewohner glaubten, jeder, der derart furchtlos ein Monster angreifen könne, müsse selbst ein Monster sein. So verjagten sie ihn mit Gabeln aus dem Dorf.

Wenige Tage später kam ein anderer reisender Prediger in dieses Dorf. Auch ihm zeigten sie das Monster. Er aber erbot sich nicht, für sie dieses Monster zu töten, sondern stimmte ihnen zu, es könne sehr gefährlich sein. So schlich er sich auf Zehenspitzen von dem Feld weg, als habe er selbst große Angst. Auf diese Weise gewann er ihr Vertrauen.

Er blieb viele Wochen im Dorf. Mit seiner behutsamen Lehre brachte er den Leuten bei, dass alles in ihrem Umfeld von Gott erschaffen sei, weshalb sie vor nichts Angst zu haben brauchten, nicht einmal vor riesigen Kürbissen. Und nach und nach wandelte sich ihr Närrischsein in Weisheit, ihre Angst in Vertrauen.

Mehl und Salz

Eine Mutter schickte ihren törichten Sohn, Mehl und Salz zu kaufen. Sie schärfte ihm ein, beides nicht zu vermischen. Er nahm eine Schüssel, beides darin zu tragen, und ging zu einem Laden. Der Krämer wog das Mehl und schüttete es ihm in die Schüssel. Dann begann er das Salz zu wiegen.

„Pass auf, dass du Salz und Mehl nicht vermengst“, sagte der törichte Sohn.
„Wo soll ich also das Salz hintun?“, fragte der Krämer.
„Hier herein“, sagte der Sohn. Er drehte die Schüssel auf den Kopf und zeigte auf die Bodendelle, in die das Salz gut passte. Das Mehl fiel zu Boden. Der törichte Sohn kam heim, mit dem Salz auf der Unterseite der Schüssel.
„Hier ist das Salz“, sagte er zu seiner Mutter.
„Aber wo ist das Mehl?“, fragte diese zurück.
„Das ist hier drin“, gab er zur Antwort und drehte die Schüssel um.

Von der Jugend und dem Alter

Sei zuversichtlich

Spürst du gelegentlich Lücken im Verstand?
Fällt dir das klare Denken zuweilen schwer?
Kommen dir logische Schlüsse nicht logisch vor,
Übersteigt immer öfter vieles deinen Verstand?

Vielleicht schwächt das Alter jetzt deinen Geist.
Vielleicht lässt deine Geisteskraft zunehmend nach.
Oder vielleicht stößt du an die Grenzen der Logik
Und dir geht auf, wie wenig weit Logik trägt.

Mag nun Alter der Grund sein oder Weisheit,
Sei zuversichtlich, auch wenn dich manches verwirrt:
Das Chaos ist es, woran Gott schöpferisch wirkt.
Aus den Nebeln der Vernunft geht die Wahrheit auf.

Die Illusion, schön und unsterblich zu sein

Als ich jung war, meinte ich nie zu sterben.
Der Tod war für andere, nicht aber für mich.
Das Altsein alter Menschen fand ich seltsam.
So wie sie würde ich ja ganz bestimmt nie werden.

Als ich jung war, meinte ich, ich sei schön.
Hässlich waren andere, nicht aber ich.
Dass andere nicht schön waren, fand ich seltsam.
So wie sie würde ich ja ganz bestimmt nie werden.

Jetzt bin ich alt und gar nicht mehr schön.
Mir fällt ein, wie ich das seinerzeit so seltsam fand.
Doch was würde mir heute die Jugend noch bringen?
Was würde es helfen, wäre ich immer noch schön?

Der Zahn der Zeit

Jetzt bist du stark, gesund und voll Kraft.
Bilde dir auf deine körperliche Kraft nichts ein.
Jeden Augenblick kann dich eine Krankheit
heimsuchen.
Der Zahn der Zeit nagt und dein Körper verschleißt.
Freu dich deiner Gesundheit und Stärke,
solange es geht.

Aber glaube nicht,
daran hänge dein Glück schlechthin.
Lerne schon jetzt, in deiner Mitte zu ruh'n:
Deine Seele kann die Zeit nicht zerstören.

Nur einer ist Richter

Mein Leben begann auf dem Bett,
auf dem ich empfangen ward.
Ich denke an die Wonne meiner Eltern
in dieser Nacht.
Empfingen sie mich in dieser seligen Stunde
auch in ihren Herzen,
oder bin ich nur das Ergebnis ihrer Lust?
Ist mein Leben die Erfüllung
ihrer schönsten Hoffnungen
oder habe ich in ihren Augen traurig versagt?
Ich bin zwar längst selbst der Vater von Kindern,
aber noch immer ersehne ich,
dass meine Eltern mich anerkennen.
Mir kommt es vor, sie hörten mir unablässig zu
und sähen auf mich, ganz gleich, was ich mache.
Ich muss frei werden
von diesem Gefühl der Kontrolle.
Nur einer ist Richter: Gott, und einzig er zählt.

Seine Last los werden

Mein Leben lang habe ich nie Fehler zugegeben.
Ich habe mich nie bei denen entschuldigt,
die ich verletzte.
Ich habe mich nie gekümmert, Irrtümer zu beheben.
Ich ging davon aus, dass mit der Zeit alles sich fügt.

Aber jetzt bin ich alt und vom Tod nicht mehr fern.
Meine Fehler von früher liegen mir auf der Seele.
Lebhaft sehe ich alles, was falsch war, noch vor mir.
Die Zeit hat nichts von allein ins Lot gerückt.
Jetzt ist es zu spät, noch etwas zu beheben.
Wie kann ich Erlösung von dieser Last finden?

Wie die Zeit vergeht

Einem Kind kommen Wochen endlos vor.
Einem Jugendlichen sind wenige Monate lang.
Der Erwachsene findet Jahre noch lang.
Dem Alten erscheinen Jahrzehnte kurz.
Der alte Mensch ist am nächsten bei Gott.
Für Gott sind Jahrzehnte Sekunden,
Jahrhunderte Minuten.
Ewigkeit ist ihm jeder einzelne Augenblick.
Habe Geduld mit dir selbst; denke wie Gott.

Die Sucht nach Erfolg

Einst war ich voller Sucht nach Erfolg.
Ich wollte der Welt meinen Stempel aufprägen.
Ich setzte mich rücksichtslos durch,
nutzte andere aus,
nur um meinen eigenen Zielen näher zu kommen.
Wenn sich mein Gewissen regte, sagte ich mir:
„Vom Ziel her wird dann schon alles richtig."

Jetzt hat sich meine Sucht nach Erfolg gelegt.
Ich bin es satt, in der Welt wichtig zu sein.
Ich sehne mich danach, lauter zu werden
und im Einklang zu leben mit meiner Welt.
Ich sehe keinen Unterschied mehr
zwischen Handeln und Ziel.
Das Tun ist das Ziel, das Ziel ist das Tun.
„Alles muss hier und jetzt in sich selbst richtig sein."

Mein alter Nachbar

Mein Nachbar ist ein alter Mann.
Er ist gebrechlich, kann nichts mehr tun.
Frau und Kinder sind ihm gestorben.
Ich bringe ihm täglich sein Essen
Und putze ihm jede Woche sein Haus.

Manchmal lächelt er und bedankt sich,
Öfter sitzt er da und er schimpft.
Mein Lohn ist nicht seine Dankbarkeit.
Ich hoffe nur, wenn ich so bin wie er,
Kommt auch jemand mit Essen
Und reinigt mein Haus.
Täglich bete ich zu Gott, er möge ihn holen,
Aber wenn er fort ist, wird er mir fehlen.

Bin ich eine Last?

Bin ich eine Last, jetzt, wo ich alt bin?
Meine Ohren sind taub; darum musst du schreien.
Meine Beine sind wacklig;
darum musst du für mich putzen.
Meine Finger sind krumm;
darum musst du für mich nähen.
Mein Körper ist steif; darum musst du mich anziehn.
Meine Augen versagen; darum musst du mich führen.
Mein Mund ist zahnlos; darum musst du mir Brei und
Suppen kochen.
Bist du froh, wenn ich endlich sterbe?

Aber du sagst, dass du mich magst.
Du hörst dir meine Geschichten gern an.
Du holst dir bei mir immer noch Rat.

Du gibst mir das Gefühl, noch wichtig zu sein.
Ich brauche es noch, gebraucht zu werden,
Und diesen Eindruck schenkst du mir durchaus.
Solltest du mich mit alldem nur täuschen,
Dann segne dich Gott für diese Schwindelei.

Wie geschäftige Bienen

Die Bienen werden im Sommer geschäftig.
Sie fliegen von Blüte zu Blüte,
Sammeln Honig, Nahrung für den Winter.

Lasst die Jungen in der Jugend nur schweifen.
Sie fliegen von einem Vergnügen zum andern,
Sammeln Erinnerungen, Nahrung für das Alter.

Wer gesund ist …

Die Jungen meinen,
Gesundsein sei selbstverständlich.
Sie sind stark, voller Energie und voll Schwung.
Sie merken gar nicht,
was für ein Geschenk das alles ist,
Sie haben es schon immer
ganz selbstverständlich gehabt.

Ist man alt, sehnt man sich so sehr
nach dem Gesundsein.
Da ist man schwach, gebrechlich
und wird so schnell müde.
Man beneidet die Jugend um ihr Vermögen,
weiß jedoch: Das ist jetzt bei mir für immer vorbei.

Könnten nicht die Alten jung werden, die Jungen alt?
Die Jungen würden dann um ihre Gesundheit beten
und im Lauf der Jahre würden sie erhört
und immer gesünder.
Aber nein: Das Schwachwerden rüstet uns für den Himmel.

Vom Leben und dem Tod

Gottes Herde

Wenn du aufs Feld gehst,
nach deiner Herde zu sehen,
fragst du dich täglich: „Hat sich keines verirrt?"
Du zählst deine Schafe eines ums andere ab
und wenn eines fehlt, machst du dich auf die Suche.

Wir sind Gottes Herde, das Feld ist seine Welt.
Er fragt sich täglich: „Hat sich keines verirrt?"
Er zählt seine Schafe eines ums andere ab
und wenn eines fehlt, macht er sich auf die Suche.

Kommt der Winter, holst du deine Schafe zu dir heim,
mit deinen Hunden führst du sie
in den sicheren Pferch.
Zum Suchen nach Verlorenen ist es zu spät.
Was jetzt noch zurückbleibt, stirbt in der Kälte.

Kommt der Tod, holt Gott seine Schafe zu sich heim,
mit seinen Engeln führt er sie in den sicheren Pferch.
Zum Suchen nach Verlorenen ist es zu spät.
Wer jetzt noch zurückbleibt, stirbt in der Kälte.

Wann der Winter herannaht, ist uns bekannt.
Der Tod aber kommt zu einer Stunde,
die niemand weiß.
So entferne dich nicht zu weit von Gottes Herde,
nicht dass du fehlst, wenn die Suche eingestellt wird.

Alle müssen gehen

Die kleine graue Krähe mit dem kahlen Schädel
genauso wie die Lerche, die am Himmel wohnt,
müssen dorthin gehen, wo der Menschen
Ruhm hingeht.
Auch jedem Menschen ist der gleiche Weg
beschieden.

Sie alle, die gekommen sind, sind auch gegangen,
und die jetzt kommen, müssen dorthin gehen,
und die noch kommen werden, werden gehen
dorthin, wo Gottes Gnade fließt für immer.

Nur ein kleiner Atemzug

Du kannst Gelehrter sein,
magst Griechisch und Hebräisch sprechen.
Im Sterben zählt nur noch die Sprache,
die Gott spricht.

Du magst Handwerker sein,
magst kunstvoll Möbel fertigen können.
Im Sterben zählt nur das Tun,
das vor Gott Bestand hat.

Du magst Musiker sein,
magst Harfe spielen können und auch Leier.
Im Sterben zählt nur die Musik, die Gottes Geist tönt.

Du magst Priester sein,
magst lange Gebete sprechen können.
Im Sterben zählt nur jenes Beten,
das aus tiefstem Herzen kommt.

Vom Tod trennt dich nur ein kleiner Atemzug.
So höre gut auf Gottes Wort,
lass dich von seinen Händen formen,
bewege dich nach seinem Rhythmus
und bete zu ihm aus der Tiefe deines Herzens.

Merkwürdige Wertmaßstäbe

Wie seltsam, dass wir Anführer großer Heere,
Die am Tod unzähliger Menschen schuldig sind
Und deren Männer ganze Dörfer plünderten,
Als große Helden auf den Straßen feiern
Und ihre Namen in die Bücher schreiben.

Doch die Männer und die Frauen dieser Erde,
Die sich ein Leben lang bei Arbeit plagen
Und Nahrung schaffen, alle zu ernähren,
Betrachten wir als unbedeutend,
Vergessen ihre Namen, wenn sie sterben.

Achten wir
Töten höher als das Leben?

Wer erwartet mich?

Wer wartet darauf, dass ich sterbe?
Wer schaut zu, wie mein Körper welkt?

Da gibt es meine Kinder, die schon warten,
Mein Land zu erben und mein Geld.

Da ist der Wurm, der mich erwartet,
Mein Fleisch zu fressen, das ihn nährt.

Und da ist Gott, der auf mich wartet
Und will, dass ich bei ihm meine Heimat finde.

Plötzlich sterben

Ich will nicht plötzlich sterben.
Ich möchte vorher wissen, wann die Stunde kommt.
Ich möchte alles um mich ordnen
Und einen Abschied in Versöhnung finden.

Indes: Ich könnte jetzt schon alles ordnen,
Fehler beheben, mit den andern Frieden schließen.
Dann wäre ich bereit,
Dass Gott mich holte.

In Not wie Wohlstand zu Gott beten

Kommt übers Land die Not,
Kann alles plötzlich beten
Und Gott anflehen, dass er schnell und wirksam helfe.
Hilft er nicht gleich, nimmt alles Anstoß:
„Ein solcher Gott kann nicht die Liebe sein."

Warum erinnert kaum jemand im Wohlstand
sich an Gott?
Da meinen alle, seine Gnade nicht zu brauchen.
Bist du vereint mit Gott in guten Tagen,
Kannst du auch stark sein,
Wenn dich seine Liebe prüft.

Ich habe keine Angst

Der Arzt sagt mir, ich müsse sterben.
Ich fühl' den Schmerz, der mich erdrückt.
Ich breche wie ein Zweig im Wind,
Bin wie ein Stein, den es ins Wasser spült.

Merkwürdig: Dennoch bin ich ohne Angst.
Ich bin bereit, zu brechen und zu sinken.
Wenn ich jetzt sterbe, werd' ich voller leben.
Der Schmerz in meinem Körper
Lässt mich Tod und Leben ahnen.

Loslassen

Mit Willenskraft mögen wir den Schlaf
fern halten können.
Wir können wach bleiben, eine Nacht,
vielleicht auch zwei.
Doch wenn der Körper ruht,
siegt schließlich doch der Schlaf.
Schlafend verlieren wir die Herrschaft
über unsern Geist.
Was sich im Traum ereignet, können wir nicht lenken.

Der Schlaf ist wie der Tod, der Tod ist wie der Schlaf.
Wir können wohl den Tod ein wenig vor uns schieben.
Doch schließlich siegt er, ist nicht aufzuhalten.
Im Sterben legen wir unser Geschick in andre Hände.
Was sich im Tod ereignet, ist Gott anheim gestellt.

Ich strecke mich auf meinem Bett

Ich strecke mich auf meinem Bett,
Wie ich dereinst im Sarg mich strecken werde.
Ich bitte Gott, mir süße Träume zu gewähren,
Wie ich im Tod hoffe, in den Himmel zu gelangen.
Ich freue mich darauf, morgen wieder zu erwachen,

Wie ich mich freue,
nach dem Tod mit Christus aufzustehn.

Lasst mich so friedvoll schlafen wie dereinst im Sarg.
Meine Träume sollen mich der Freude des Himmels
näher tragen.
Ich hoffe, dass ich frisch gestärkt aufstehen kann
Und meinen Weg weitergehen darf mit Christus.

Ich lege mich nieder mit Gott

Ich lege mich nieder mit Gott;
möge Gott sich legen zu mir.
Ich schlafe mit Gott;
möge Gott in meinen Träumen anwesend sein.
Ich vertraue auf Gott;
möge Gott mich vor allen Gefahren bewahren.

Ich stehe auf mit Gott; möge Gott sich mit mir erheben.
Ich gehe mit Gott; möge Gott mir allzeit
zur Seite sein.
Ich baue auf Gott; möge Gott mich stärken
bei meiner Arbeit.
Ich esse mit Gott; möge Gott in meinem Brot sein.
Ich trinke mit Gott; möge Gott in meinem Wein sein.
Ich lebe mit Gott; möge Gott in mir leben.

Ich hüte das Feuer

Jeden Abend hüte ich das Feuer:
Mein letztes Tun vor dem Schlafengehen.
Ich stecke zwei Briketts Torf
Tief in die Mulde der Glut.
Wenn ich dann morgen erwache,
Kann ich das Feuer zum Leben erwecken.
Ich hoffe, im Tod hütet mich ebenso Gott.
Wenn sie meinen Körper versenken
Tief in die Mulde der Erde,
Soll meine Seele am Glühen bleiben.
Wenn dann die Trompete ertönt,
Kann ich aufflackern zum Leben mit Christus.

Schlaf ist Anfang und Ende der Gesundheit

Anfang eines Schiffs: Bretter sägen,
Anfang eines Herds: Steine schichten,
Anfang eines Fests: frohe Begrüßung,
Anfang der Gesundheit: tief schlafen.

Ende eines Schiffs: kentern und sinken,
Ende eines Herds: glühen und bersten,
Ende eines Fests: verlöschende Lichter,
Ende der Gesundheit: tief schlafen.

Die drei Priester

In einer kleinen Stadt lebten drei Priester. Eine von ihnen wollte die alte einfache Art der keltischen Religion beibehalten: „Ich halte mich an die Traditionen der Heiligen Patrick und Brigitta, der Gründer unserer Kirche", sagte er. Der Zweite wollte die neuen durchdachten Formen und Lehren der römischen Kirche einführen: „Ich möchte zur weltumspannenden Kirche unter dem Papst in Rom gehören. Das ist das, was auch die Heiligen Patrick und Brigitta gewollt haben", meinte er. Der Dritte sagte: „Lasst die Leute so beten und glauben, wie sie es für richtig halten. Wenn die Religion nur Spaltungen bewirkt, möchte ich davon nichts wissen."

Diese drei Priester blieben Freunde und trafen sich oft zum gemeinsamen Essen; aber ihre Treffen endeten immer in heftigen Diskussionen. Manchmal stritten sie darüber, wie bestimmte Riten genau gestaltet sein müssten. Manchmal stritten sie über den Himmel und darüber, wer hinein kommen werde. Der Erste vertrat: „Ich glaube, dass nur die in den Himmel kommen, die sich treu an unsere alten keltischen Traditionen halten." Der Zweite behauptete: „Ich glaube, nur die werden gerettet, die die Autorität des Papstes in Rom anerkennen." Der Dritte meinte: „Letztlich wird Gott das entscheiden."

Einige Jahre später starben alle drei Priester und kamen ans Himmelstor. Petrus nahm den Ersten bei der Hand und sprach: „Willkommen, mein Freund! Komm herein und setz dich da drüben zu den anderen, die sich treu an die keltischen Traditionen gehalten haben." Hierauf nahm Petrus den zweiten Priester bei der Hand und beschied diesem: „Willkommen, mein Freund! Du gehst da hinüber und setzt dich zu denen, die dem Papst in Rom treu gehorcht haben." Als Letzten nahm Petrus den dritten Priester an der Hand und erklärte ihm: „Komm herein und bewege dich hier frei; geh hin, wo du willst."

So wanderte der dritte Priester frei zwischen allen verschiedenen Gruppen im Himmel umher. Er sah auch viele andere frei umherwandern, darunter die Heiligen Patrick und Brigitta und sogar Jesus Christus selbst.

Die Deutsche Bibliothek – CIP-Einheitsaufnahme

Van de Weyer, Robert:
Die Weisheit der Kelten / Robert Van de Weyer.
- München : Pattloch, 2000
ISBN 3-629-00147-5

Titel der englischen Originalausgabe:
Robert Van de Weyer – Celtic Parables – Stories, Poems and Prayers

Erstveröffentlichung durch © SPCK, London, 1997

Übersetzt aus dem Englischen
von Bernardin Schellenberger, Stuttgart
Vignetten: Courtney Davis, Dover Publications, Mineola, USA
Deutsche Lizenzausgabe:
© 2000 Pattloch Verlag GmbH & Co. KG, München
Gesamtgestaltung: Daniela Meyer, München
gesetzt aus Perpetua 12 / 15 p
Druck und Bindung: Pressedruck, Augsburg
Printed in Germany

ISBN 3-629-00147-5